# 人格教育

## ——送给孩子一生的财富

李 品◎编著

中国言实出版社

**图书在版编目(CIP)数据**

人格教育:送给孩子一生的财富 / 李品编著．
——北京:中国言实出版社,2012.4
ISBN 978-7-80250-800-2

Ⅰ.①人…
Ⅱ.①李…
Ⅲ.①人格－儿童教育:家庭教育
Ⅳ.①G78 ②B825

中国版本图书馆 CIP 数据核字(2012)第 046787 号

出版发行:中国言实出版社
  地  址:北京市朝阳区北苑路 180 号加利大厦 5 号楼 105 室
  邮  编:100101
  电  话:64924716(发行部) 64963101(邮  购)
       64924880(总编室) 64963106(五编部)
  网  址:www.zgyscbs.cn
  E-mail:zgyscbs@263.net
经  销:新华书店
印  刷:三河市文阁印刷厂
版  次:2012 年 5 月第 1 版 2012 年 5 月第 1 次印刷
规  格:710 毫米×1000 毫米 1/16 14.5 印张
字  数:180 千字
定  价:28.80 元  ISBN 978-7-80250-800-2/G·194

# 前　言

　　教育问题是一个永恒的话题，我们的这本书，重点讲述的是孩子的人格教育，希望能为广大家长提供一个借鉴。

　　什么是人格？古往今来，很多人为它下了定义，有从心理学上来说的，也有从法律上说的，听起来似乎玄之又玄，实际上说的就是人的性情品格。

　　人们都希望自己的孩子是优秀的，是完美的，可是孩子真的是成绩好了，就算是优秀了吗？很多成绩优秀的孩子，接人待物自私冷漠、娇宠任性、心胸狭隘，生活中的坏习惯一箩筐，这样的"优秀"是不是家长所期望的？相对来说，有些孩子，也许成绩并不是那么拔尖儿，可是在生活上却乐于助人、真挚热诚、孝顺体贴，那么家长更希望自己的孩子是前者还是后者呢？也许有人觉得，自私冷漠、娇宠任性、心胸狭隘并不妨碍孩子的聪明，也并不妨碍孩子考试得高分，可是如果孩子继续这样不懂得尊重、不懂得珍惜，将没有人愿意跟他交朋友。当他有困难的时候，也没有人愿意伸出手帮他。试想，如果老师同学都不再愿意帮他，他的成绩还能一直优秀吗？

　　孩子生活在一个人的社会，他的一切活动都跟周围的人息息相关，所以，接人待物，是孩子立足于社会必须学会的一项基本技能。如果在这方面做不好，这个人格品质上的大缺陷，将是孩子成长道路上的一只拦路虎。

　　很多孩子比较依赖家长，缺乏独立性，有的孩子自己不愿意做什么事

1

儿甚至会说谎，这样时间久了，懒惰、懦弱、不诚实就会纷纷跑到他的身上。孩子将来是要自己做一番事业的，如果带着这样一身人格缺陷，如何做事业，如何成功？

现在，教育界兴起了一种新的教育理念，就是"赏识教育"，很多家长都在"赏识"中让孩子的学习有了很大的进步，可是对孩子也不能一味"赏识"，孔子在几千年前就说要"因材施教"，每个孩子都是独一无二的，没有哪一种教子方法是万金油，能够适合所有孩子。"赏识教育"也是一样，过度的"赏识"会让孩子形成骄傲虚荣的毛病，这同样是很大的人格缺陷，所以，对自己的孩子，家长们在注重学习的同时，也要注意孩子的人格教育。

孩子在成长过程中，会涉及方方面面的关于人格教育的问题，本书分析了家长教育孩子时的各种情况，并辅以案例，希望能给家长一些帮助。

# CONTENT 目 录

## 第一部分 荒芜了的教育

# 第二部分　给孩子什么样的未来

# 第三部分　被遗忘的那些留守孩子

目录

# 第一部分　荒芜了的教育

日本在 20 世纪 80 年代中期就提出，日本的教育处于一种荒废的状态，尽管表面上抓得很紧，可实际上却荒废了真正的教育——人格教育，日本人应该做深刻的反思。我国今天的教育人人重视，户户关心，教育消费在家庭消费中也是占第一位，但是人们重视的是什么？是分数、成绩、浮夸的"多才多艺"，可是作为人所真正应该具备的品质，诸如正直、善良、谦虚、尊重等等，却被悄悄丢掉了。

## 第一章　不要把自己的世界强加给孩子

父母总是希望孩子能够按照自己的想法生活，于是孩子一旦跟父母相左，便会招来训斥，家长把自己的世界强加给了孩子，那么孩子是否就会沿着家长所想的方向发展呢？

# 1. 不要无视孩子的声音

每个人都有自己的梦想，或大或小，或者实现了或者未实现，所以人总是会有大大小小的遗憾。不过遗憾并不是不可挽回，也并不是无可弥补。生命也好，美丽也好，爱情也好，我们都把孩子看成继承者和延续者。于是很多人也找到了自己梦想的继承者——孩子，他们开始按照自己的理想来塑造孩子，不管孩子喜不喜欢，需不需要，于是孩子的梦想和快乐就这样被剥夺了。

## 故事坊

"倩倩，今天穿那件粉色的裙子啊，咱们要去姥姥家。"妈妈在客厅大声跟倩倩说。倩倩不喜欢穿裙子去姥姥家，因为姥姥家住在乡下，那里有果树、野花、小狗、蛐蛐儿、水渠、石子儿，还有很多很多的玩伴，倩倩很想跟他们一起玩儿，一起去野地里撒欢儿奔跑。哪怕不跟他们一起玩儿，自己也可以去摘野花、爬到果树上乘凉，那多美啊！

穿裙子怎么玩儿啊，还是穿那条红色的水裤方便，不用担心玩儿的时候被什么东西挂到。

"妈妈，我不穿裙子行吗？"倩倩小声地跟妈妈说。"不行，今天姥姥过生日，倩倩要老老实实地陪姥姥，而且还要穿得漂漂亮亮的。行了快去换吧。"妈妈不由分说就拉着倩倩去换衣服，倩倩还想说什么，看着妈妈阴着的脸，只好什么都不说了。

## 亲子兵法

家长们不要什么事情都让孩子必须按照自己的安排去做，没有转还的余地，不妨适当给他们一些选择或决定的空间，这时你会发现，孩子其实也没那么难管。

孩子的学习兴趣也是这样，很多家长都认为小孩子懂什么，哪里知道自己到底喜欢什么，爱好需要培养，家长帮孩子找个爱好，然后让孩子慢慢学，自然就能成为孩子的爱好了。可是偏偏很多孩子在学的过程中很痛苦，在经历了哭闹仍拗不过父母，反而会因为自己的不优秀而惹来父母的责骂后，可怜的小朋友就只能沉默了。很多家长都为自己的孩子不够活泼烦恼，何不找找自己的原因？

### ☞小编赠语

在家庭教育中，孩子的声音总是最微弱的，家长总是站在高处叫嚷，认为孩子什么都不懂。可是这个世界上，有很多父母安排下的人生最终以悲剧收场，所以还是适当听听孩子的声音吧，也许那里才有教育孩子的诀窍。

第一部分 荒芜了的教育

# 2. 要孩子成功，还是要孩子有用

## 故事坊

从前有一位年轻诗人，他非常有才华，并且创作了很多诗篇，不过遗憾的是人们并不喜欢读。年轻诗人不怀疑自己的创作才华，可是他觉得自己并不成功，于是他很苦恼。所以，他去向一位老钟表匠请教。

听完年轻人的话，老钟表匠一言不发，把他领到一间陈列着各式各样名贵钟表的小屋里。这些钟表，年轻人从来没见过。那些有着飞禽走兽的漂亮外形的钟表，还有能发出各式鸟叫的钟表，让年轻人惊异万分，有那么一分钟他竟有些目瞪口呆。老钟表匠走到里边，从柜子里拿出一个小盒，取出了一只样式特别精美的金壳怀表。

这只怀表不仅样式精美，更令人惊奇的是，它能准确地表明日期，还能清楚地显示出星象的运行、大海的潮汛。这真是一只神表，诗人对它爱不释手，并很想买下这个"宝贝"，就开口问表的价钱。老人笑了一下，"你可以把这个怀表拿走，不过要拿你手上戴的那块表跟我交换。"年轻诗人没想到竟然这么简单，于是满口答应，高兴地把表拿走了。

年轻诗人喜欢这块表到了疯狂的程度，吃饭、走路，甚至睡觉都戴着它。可是，没多久他就到老钟表匠那儿要求换回自己原来那块普通手表。老钟表匠故作惊奇，问他对这样珍异的怀表还有什么感到不满意的。

年轻诗人遗憾地说："它有很多令人称奇的功能，就是不会指示时间。可表本来就是用来指示时间的。我戴着它，不知道时间，要它还有什么用处呢？有谁会来问我大海的潮汛和星象的运行呢？这表对我实在没有什么实际用处。"

老钟表匠微微一笑，把表往桌上一放，拿起了这位诗人的诗集，意味深长地说："年轻的朋友，让我们努力干好各自的事吧。你应该记住：怎样给人们带来用处。"

## 亲子兵法

爱因斯坦说："不要努力去做一个成功的人，而是要努力去做一个有价值的人。"人生的精彩不在于你是否成功，而在于你是否能够成为一个有用的人，并为自己的存在而骄傲。所以家长们对孩子的评判标准需要再思量了。

## 小编赠语

父母所认为的成功不一定就是成功，所以不要把自己的梦想强加给孩子，这样只会让孩子淹没在沉默中。家长们应该尽量顺从孩子的意愿，当有一天孩子因自己而骄傲时，那才是他最大的成功，也是父母的最大成功。

# 3. 窗外才是孩子的天堂

## 故事坊

### 一

小孩子每天无忧无虑，应该活泼好动才对，可是现在孤僻和自闭的孩子却越来越多。有些孩子身体不好，父母害怕孩子会受伤，或者害怕总在外边玩儿会让孩子生病，所以上下学都接送孩子，在家时也不让孩子跟其他小朋友玩，久而久之就形成了孩子害羞、内向、不喜欢交朋友的孤僻性格。

二

也有一些家长，因为平时工作比较忙，无暇顾及孩子，又害怕孩子在外边玩儿会有危险，就干脆整天把孩子锁在家里。孩子的生活需要一个大圈子，需要各式各样的人来填补他的认知空间，家长不能把孩子困在巴掌大小的家里，单调的家庭生活会让孩子变得越来越沉默，变得对陌生环境越来越难适应，甚至还会对交朋友产生障碍。这样的孩子，长大后要怎样面对生活，面对压力，面对熙熙攘攘的陌生人？

三

还有一些家长因为过于重视孩子的成绩，害怕孩子总在外边玩儿会耽误学习，所以总是把孩子圈在家里，要么看书做作业，要么练习"琴棋书画"，可是孩子的天性是好动的，常常独自一个人待在家里，久而久之，孩子就会变得不愿意跟人接触，不爱讲话，形成孤僻的性格，情形严重的还会得自闭症。

孤僻的孩子大多有这样的特点：他们不喜欢关注周围的人和事，对周围的东西不闻不问，而是喜欢沉迷于一些缺乏社会交流的事情，像玩游戏，看电视等。家长有时候对此并不过多干预，反而会觉得孩子这样安静是听话乖巧的表现，其实不然，长此以往孩子就会离人群越来越远。

## 亲子兵法

第一招：

父母的爱有时候也会成为捆绑孩子的绳索，不妨多带孩子出去旅游参观、登山、游泳、锻炼，外面的新鲜空气和美丽风景能让孩子感到身心愉悦，晒太阳和运动还能增强孩子的体质和抵抗力，开阔的视野和健康的生活方式才是孩子身心发展的益友良朋。

第二招：

家长应该让孩子从"自我"的小圈子走出来，让他多跟邻居的孩子一起玩耍、游戏、生活。尽管现在的生活节奏变得越来越快，家长也要尽量抽出节假日的时间，带孩子去游乐园、动物园玩耍，让他接触不同的环境，跟不同的小朋友一起玩，这样才能减少孩子对陌生环境的恐惧与排斥，增强他跟其他人交往的需要和兴趣，形成开朗活泼的性格。

第三招：

家长应该多跟孩子聊天，带孩子出门逛街，让他们帮老年人取奶送报，试着做家务、做饭等，这样不仅可以培养孩子乐于助人的品德，还能增强孩子对周围事物的参与度，有利于孩子的身心健康。

### ☞小编赠语

现实生活中，我们见惯了那些八面玲珑的人，对于沉默、孤僻的人，总有一种想一探究竟的冲动，这种性格的人身上也因此而不知不觉被披上了一层神秘的黑纱。有的人遇到沉默孤僻的小孩儿会赞不绝口，觉得小小年纪就如此有性格，其实这是一种误解，孩子沉默孤僻并不是优点，恰恰是有性格缺陷。对此，家长们应该警惕，并及时给予纠正。

# 4. 孩子过于顺从其实是缺点

香奈尔在世界时装业中独占鳌头达 60 年之久，是当之无愧的时装女皇、时尚女王。它的简约、雅致一直都引领着时装界的革命。你一定认为它的创始人卡布里沃·香奈尔也是一位名门淑媛，但是实际上并非如此。

## 故事坊

卡布里沃·香奈尔是一名孤儿，跟着姨妈长大，后来她孤身一人来到了巴黎，栖身于咖啡馆以卖唱为生，并在朋友的资助下开了一家帽子店，开始了她传奇性的事业生涯。当时巴黎上层女性的帽子一般都花饰繁多，香奈儿从高级商店购买了一批过时、滞销的女帽，去掉了帽子上俗气累赘的饰物，适当地加一点点缀，一款简洁、雅致，透着新时代气息的帽子就出来了。香奈儿还为顾客示范帽子的戴法，把帽檐儿低低压在眼角上，顿时显得神气非凡。这种一反常规的做派和同时显示出来的高贵气质立刻征服了众多巴黎女性，很快，那种被称作"香奈儿"的帽子就成为了当时的时尚。

20世纪初，巴黎女性的服装以繁琐著称，尽管用料讲究，但是样式却比较陈旧，穿起来也不舒适合体。既然裙装在繁琐上已再无突破，香奈儿便逆其道而行，用纯白针织面料做出了线条简洁、宽松舒适的新式衬衫，没有繁琐的领饰，也没有一道道的袖口花边，领口开得很低，她为新衬衫取了一个别致的名字——"穷女郎"。这款衬衫一经推出，立即成了巴黎妇女的新宠，很快被抢购一空。那个时代女性都是穿裙子的，不过香奈儿从男装上获得了灵感，推出了一款女士裤子，简洁的线条和较大的裤摆结合在一起，透着一种清新独立的范儿，这就是最早的喇叭裤，于是喇叭裤又不负众望地成为时尚新宠。后来香奈儿推出的短风衣、简式礼服同样风靡一时。

香奈尔是时装界的革命者，她每一次随意的穿着打扮，都可能掀起一场时装革命。一天中午，香奈尔在休息时遇上热水器突然爆炸，被喷了满身的烟灰。为了便于洗头和梳理，她立刻剪掉了自己的黑色长发，迅速洗完头后，用一根丝带束起。就在那天晚上，香奈尔身穿一套白色的晚礼服出现在歌剧院。她的白衣短发让众多演员和观众眼睛一亮，于是很快就出现了短发时装热。

在服装界的风靡，还远远满足不了香奈儿的事业心。1921年，她推出了芳香浓郁的香奈尔香水，搭配上充满装饰艺术味道的玻璃瓶子，立刻又一次走俏巴黎。1953年，已经71岁的香奈尔重出江湖，她服装的简洁贵丽风格，再度俘虏巴黎女性。推向大西洋彼岸后，又引起了美国女性的狂热追捧。于是，香奈儿又在整个美洲以及世界各地流行起来。

人们判断事情时，无论大事小事都有一定的标准。那么"好孩子"的标准呢？自然是听父母、老师话的孩子就是好孩子。大人们都觉得孩子小，认不清世界，对很多事情都无法做出正确判断，而这个世界上坏人很多，任何一个人都有可能欺骗或加害孩子，只有家长和老师不会。于是就想当然地认为，只有听家长和老师话的孩子才是好孩子，预备把他们的人生经验倾囊相授，并认为只有听从他们安排，循规蹈矩，孩子们才能成才、有出息。可是，在经济生活高速发展的今天，循规蹈矩最多是让孩子们过得平安无事，但却注定平庸，就像如果香奈儿只是一个中规中矩的服装设计师，恐怕也不会获得如此大的成功。正因为她不断地挑战陈规，跳出了传统模式，才让平庸的人生变得浓墨重彩。

## 亲子兵法

家长们可以适当放纵一下孩子，听听孩子的心声，当他们的想法有道理、可行的时候，不妨允许孩子的"忤逆"，让他们按照自己的想法去做，这样还有利于培养孩子的独立性格。

第一部分 荒芜了的教育

☞**小编赠语**

孩子不能简单地用好或坏判断，"听话"、"顺从"固然能减少他们经受生活的磨难，可是也减少了获取生活经验、新鲜灵感的机会，还会打压孩子们善于创新的天性。在竞争如此激烈的今天，过于保守只会让人原地打转，"好孩子"在起步的时候就已经棋差一招了。

# 5. 强逼非良策， 兴趣是最好的老师

每个家长都希望自己的孩子能够多才多艺，近些年来，大大小小的培训机构也迅速兴起，家长为孩子报各种学习班的情况也愈演愈烈。一到周末就能看到小朋友们被拉着去学舞蹈、学书法、学乐器，可是孩子们真的喜欢吗？有多少孩子在课外学习中是兴致勃勃的呢？看着一张张哭丧着的小脸儿，身为家长的你我他，是否也该好好想想？

## 故事坊

我认识一个小女孩儿， 也就十岁的样子， 可是每天的行程都安排得满满当当的。 妈妈给她报了钢琴班、 绘画班、 舞蹈班、 还有英语班， 这些课外的辅导班占了孩子的所有课余时间， 那小人儿就像赶场子一样， 天天一路小跑着被妈妈拉到这儿拉到那儿。 我问她喜不喜欢去上这些班， 小丫头摇摇头不说话。

有人曾对扬州市的孩子进行过调查， 在参加调查的 161 名 4～12 岁的儿童中， 有半数以上的孩子觉得自己非常累而且不开心。 当问及六一儿童节最想做什么的时候， 30% 的孩子想睡个懒觉， 20% 的孩子想去跟其他小朋友出去玩儿， 20% 的孩子想跟爸爸妈妈在一起， 剩下的有的说想

吃自己想吃的东西，有的回答想好好看动画片。在扬州市某小学四年级的41名学生中，只有5名学生没有上兴趣班，有三分之一的学生同时上了三个以上兴趣班。问到他们快不快乐，学生们十有八九都说不快乐，原因之一就是在学校作业之外，还要做大量兴趣班的课后作业，通常每天晚上都会做到很晚，有些学生干脆就不喜欢自己正在上的兴趣班。

也许孩子是喜欢其中的一两个的，也许孩子一个都不喜欢。现在小学生的课业任务本身就很重，很少的课余时间里又挤进了那么多不喜欢的项目，他们没时间玩儿，没时间交朋友，没时间学习生活，没时间体会人情世故，有的只是无休止地上课上课……一个天真快乐的孩子，能承受如此繁重的压力吗？

## 亲子兵法

人都说，兴趣是最好的老师，孩子在浓厚的兴趣中学习不仅事半功倍，而且还可以做到开心学习，可是像这样逼迫孩子学不喜欢的"兴趣"，怪不得孩子会又累又不开心了。

家长们会说："现在让孩子多学点东西是好事儿，难道说凡是孩子不喜欢的就都不学了吗？"其实不是这样的，这只是针对于"兴趣班"而言。既然称作"兴趣班"，必定是在孩子在学校正常学习之外的，也就是孩子对某个课程感兴趣才去学的，如果孩子对此不感兴趣，即便是报了班也学不好，倒不如让孩子集中精力学习自己喜欢的，这样既能让孩子不用每日徒劳奔走于各个兴趣班之间，又能节省孩子的时间不至于过于疲惫。

有人把这些孩子戏称为"兴趣专业户"，乍听起来是玩笑话，可是这其中又包含了多少对孩子的同情、对家长的责问！大人们都望子成龙，可是不问孩子的梦想，只是生硬地把自己的梦想强加给孩子，

11

会给孩子带来多大的困扰？相信家长们为了让孩子去上兴趣班，而跟孩子"斗智斗勇"的过程也是很累的吧！

☞ **小编悟语**

> 每个孩子心中都有一个梦想的小小鸟，我们何不让它越飞越高！能上兴趣班固然是好事儿，可是靠着逼迫去上兴趣班，并不是教育孩子、给孩子更高起点的良策。

# 6. 是谁扼杀了孩子的创造性

尼克松在他的《领袖们》一书中提到，中国的教育制度为人们提供了很好的教育，但却失去了中国的达尔文和爱因斯坦。因为中国的教育过分追求学生要样样都好，而且样样都要搞统一，不允许有独立见解，从小把他们训练得十分驯服，不允许有爱因斯坦称的"离经叛道"，这样只能培养出守业型人才。父母要真心热爱创造型孩子，不要对孩子求全责备，不要用传统的观点把孩子训成"小老头"。

## 故事坊

有一位幼儿教育专家去国外访问，看到这样一件事。一个小朋友用蓝色的笔画了一个大苹果，老师走过去称赞孩子画得好，而且还亲切地摸了摸孩子的头，孩子高兴极了。中国专家问那位老师："小朋友用蓝色笔画苹果，怎么不纠正呢？"那个老师说："为什么要纠正呢？也许他以后真的能培育出蓝色的苹果呢。"

如果要画太阳，中国孩子大多数会画成红色，可是有个外国孩子却画了个蓝色的太阳。爸爸问他为什么要把太阳画成蓝色的，孩子说："我画的是海里的太阳。"爸爸称赞说："好极了，真有想象力。"如果我们的孩子画出的是蓝色的太阳，我们会怎么应对？训斥一顿？还是宽容地理解孩子的天真？

孩子们的想象力是很丰富的，他们眼里的世界是独特的，如果用成人的思维方式对他们粗暴地进行干涉，就会扼杀他们的想象力和创造力。

经常听人说谁家的孩子多乖巧，谁家的孩子多听话，可见父母们是多么喜欢老实听话的孩子。其实父母如果把孩子的路都铺好，并想方设法让他们就范，只会扼杀孩子们的创造天性，让他们变得不爱思考、不爱闯荡，什么事都依赖大人解决。调皮、好动是儿童的天性，也是创造力发展的幼芽，孩子的行为只要不太出格就不要限制太多。如果无论做什么都看大人的眼色、唯唯诺诺，那么注定将来是个平庸的人。

## 亲子兵法

容忍孩子的"不听话"是有道理的，这个"不听话"是思维上的不听话，它可以保护孩子的想象力，激发孩子的创造力。培养孩子的创造性，需要一定的时间和空间。把孩子捆得死死的，一点自由支配的时间都没有，他们如何去创造？家长应该给孩子更多的时间和空间，让他们去"淘气"。所以在创造性人格中，"敢"字很重要，敢想、敢说、敢做才有创造性。家长们应该接受"听话是优点，太听话是缺点"的观点，给孩子一点自由的空间。

调查发现，"淘气"的孩子往往比"老实"的孩子更有创造力，因为那些淘气的孩子接触面广，孩子的智力被激活的程度更高，因此家长们不要过多限制孩子，这样会扼杀孩子的创造性。

13

## ☞ 小编赠语

　　美国科学家福克曼说："固执与执着两者之间的区别非常微妙，如果你的想法成功了，每个人都说你非常执着、坚持不懈；如果你没有成功，人们就说你固执、顽固不化。"西方人认为应该允许孩子"固执"，因为那里面可能有执着，应该允许孩子"不听话"，因为那里面可能有创造。

## 第二章　孩子是看着父母的背影长大的

人们总说教育孩子太难了，不知道该对他们说什么，也不知道他们能不能听得懂。实际上，你做了什么比你说了什么更重要，孩子在幼儿时期是观察性学习，是看着你的背影长大的。

# 1. 沉默的家庭培养出沉默的孩子

如果一个家庭的气氛死气沉沉，家庭成员一点活力都没有，那么生活在这种家庭的孩子会是什么样的呢？

## 故事坊

贝蒂就生活在这样的环境里，她的家里永远都充满着抑郁气氛。她的父母、祖父母、都是这样，贝蒂的父母亲没有朋友，他们也从不邀请别人来自己家，他们都很忧郁，不喜欢热闹，家里的气氛使贝蒂变得沉默寡言，那本该充满活跃灵气的眼睛里，总是显得忧郁而不知所措。家庭的影响让她跟周围的伙伴格格不入，每天总是一个人待着，课外活动时也不跟伙伴们一起玩儿。爸爸妈妈不常跟小贝蒂说话，这让她总是很消极，想法也和别人不一样。小伙伴们常常成群结队地约好去家里玩耍，可是贝蒂却从来没有邀请过同学去她的家里做客，当然了，别人也没有邀请过她。贝蒂只要在她的教室里出现，别人的愉快情绪一下子就降了下来。父母亲的生活分毫不差地复制在了贝蒂身上，让贝蒂也生活在一片黑暗中。

随着年龄的增长，小贝蒂变得越来越沉默，形成了内向、孤僻的性格，后来还患上了忧郁症。

### 亲子兵法

家长们要为孩子营造一个充满欢笑、温馨的成长环境，也许有的家长生性沉默，不喜欢非常闹的环境，如果是这样的话，家长可以在孩子玩儿的时候陪着他玩耍，在孩子不那么闹的时候给他讲故事、猜谜语、做一些简单的小游戏，只要做到跟孩子常常亲密交流，即便没有特别活跃的家庭氛围，孩子也能够健康成长。

### 小编赠语

家庭在塑造孩子性格上起着非常重要的作用，孩子的忧郁、暴躁、悲观、焦虑其实大部分是受到家庭影响的结果，要让孩子保持活泼开朗，就要给他们一个健康的家庭环境。

## 2. 叛逆不是孩子的本心

### 故事坊

我有我的理想，只是从来不说。我有我的看法，只是从来不说。

渐渐地我学会沉默，有些话只说一半，有些话会多说一句，因为知道会问。我爱臭美，偶尔换两件衣服，我想没有必要和你们打报告，不要总用你们当初生活的艰苦来证明我所处的幸福。我是个孩子，会犯错，需要你们指点，但不需要你在我的背后指指点点。

你们工作累，我可以体谅，但这并不是你们用来敷衍我的借口。谁都累，就算我在家坐一天，一样会让我累得不想说一句话。你们不懂我的世界有多荒凉，我等着你们像小时候一样来爱我，却一次次被你们说成不像样子。不要对我那么敏感，会让我比你们更敏感。处处与你们相对，我想，我办得到。

这是一个叛逆少年苦涩的心声，不知家长们看到会作何感受。他们的生活异于常人，可是他们也会累，也会痛，也希望能有一个温暖的家，能跟父母谈天说地，跟老师好好沟通，能有一个很贴心的朋友，有一段很长久的友谊。

## 亲子兵法

孩子需要家长的爱，需要无条件的爱，孩子最害怕的就是被遗弃和被遗忘。对孩子来说，母爱是无条件地包容，它让孩子感到安全。一旦有了安全感，自信、自在的感觉就会油然而生。所以父母要是全心全意疼爱孩子，就要重视他的存在，常常跟他聊天、说话、玩耍、讲故事，跟孩子做心与心之间的交流，而不仅仅是满足孩子物质上的需求。

孩子在很小的时候，父母的亲昵动作，像亲吻、爱抚、拥抱、摇动等，都能让他感到被爱，但是随着孩子慢慢地长大，孩子也会有自己的想法、自己的朋友、自己的兴趣爱好、自己的表达方式，他接触的东西越来越多，不是父母的几句嘘寒问暖就能够满足的。他年轻的心灵装着太多的事情，需要跟最爱他的父母分享，所以父母要多聆听孩子，让他感到被爱、被了解、被接纳、被肯定。

那些所谓的不良少年，原本都是很好的孩子，只是因为家庭的原因，让他们变得叛逆，其实每个叛逆的少年背后都有不为人知的痛。

## 小编赠语

他们并不贪心，只是家庭没有给他们足够的温暖。也许是父母长辈本就生活混乱，也许是父母长辈没有好好地聆听他们的心声，面对这些迷途少年，家长们做一些全心全意爱孩子的事，要比一味训斥、责备效果好得多。

# 3. 孩子自私谁负责

孩子自私心理的产生，与其周围人的不良影响也有很大关系。父母是孩子的第一任老师，有的父母或家庭成员喜欢贪小便宜、爱与人斤斤计较，或过于"小气"；有的父母叮嘱孩子自己的东西不给别人吃，玩具不许别人玩等；还有的父母甚至对孩子的自私行为赞不绝口，引以为傲，认为孩子"从小护东西，长大不吃亏"。这些看似微小的生活细节，都会助长孩子的自私心理。

## 故事坊

大壮的父母靠做小生意为生，一个卖鱼一个卖菜。在大壮的记忆中，父母做生意非常精明，整天精打细算，有时候还会缺斤短两。

有一次，一个大妈在爸爸那儿买了两条鱼，可回家称了一下发现少了半斤。那位大妈生气地来到摊位上，可爸爸的怒火比她的还旺，"我又不是故意少称给你的，现在物价涨得这么快，就跟股票似的，前一秒还涨得飞快，下一秒就跌到谷底了，这鱼也一样，价格上去了。"

"你这个缺德货，鬼扯！"大妈卷起袖子就要打。

爸爸也不示弱，拍拍屁股站起来，眼睛瞪得溜圆。眼见就要打起来了，人们你拉我劝的，那大妈愤愤地说了句："以后再也不来你这儿买鱼了！"这场不大不小的风波也算是草草平息了。

回到家，爸爸跟妈妈唠叨："今天真是倒霉，碰上一个爱斤斤计较的老太婆，现在还有几个人像她这样？回去还称一下，真是小气！"妈妈也很气愤，不过叮嘱他说："以后卖鱼注意点，别缺太多了，碰上个难缠的就麻烦了。"如果仅仅是大人们窃窃私语也就罢了，可是他们还把这种"精神"传授给儿子。

街上有人掉了钱，爸爸马上吩咐儿子跑过去用脚踩住，假装系鞋带，然后悄悄拾起来装进口袋。移动公司搞活动，妈妈没空去，就托邻居帮忙，哪怕赠品只是一个小打火机她都不想错过。

大壮慢慢地长大了，在爸爸妈妈的引导下，他也一样爱占小便宜。有一次，为了捡一枚一块钱的硬币，他竟然冲到车辆穿梭的马路中间，害得一辆摩托车为了躲开这小家伙，连人带车一起摔了出去。可是大壮却浑然不觉，还为这飞来之财沾沾自喜。

大壮很喜欢看漫画，有一次，他跟要好的同学借了一本漫画书，喜欢得爱不释手。于是过了很长一段时间，他都不想把漫画书还给同学。有一天，同学问起那本书的事，他装作吃惊地说："我不是早就还给你了吗？"

"什么时候还的啊？我怎么不记得？"同学一脸疑惑地问。

"就放在你课桌里的。"大壮一本正经地说。其实他根本就是在乱说，那本漫画书就放在他家抽屉里。

"没有啊！"同学更加迷惑，"怎么不跟我说呢？"

"我说了啊，当时你和一群同学在玩老鹰捉小鸡，我以为你听见了，也就昨天的事儿。"

那同学虽然对这件事没印象，可还是憋屈地点了点头。为了让同学更相信自己，大壮还信誓旦旦地说："大概被别人拿走了，如果被我查到是谁拿了，一定好好教训他。"这副很讲义气的架势，着实把那位同学给唬住了。

回家后，大壮还兴高采烈地把这件事情讲给爸妈听，讲起来很是神气。你一定会觉得大壮会挨一顿骂吧？实际上，爸爸妈妈听了不但不生气，反而笑眯眯地称赞儿子聪明过人。

### 亲子兵法

父母的行为最直接地影响着孩子的成长，如果父母自己都是爱斤斤计较的人，那么对于孩子的很多自私行为就有不可推卸的责任。要想让孩子健康成长，在生活中，父母应该首先做到先人后己，乐于助人，要乐意把自己心爱的物品借给朋友使用，孝敬长辈，主动帮助邻居解决生活困难。

### 小编悟语

父母还可以利用电影、电视、童话、故事等来教育、熏陶孩子。在各种榜样行为的影响下，孩子便会不知不觉地学着别人那样去做。

# 4. 孩子的虚荣心是哪里来的

当我们在不停地追问怎样让孩子摆脱虚荣心和爱攀比的时候，其实有的妈妈们在现实生活中也扮演着爱攀比的角色。

## 故事坊

一

妮妮的妈妈非常漂亮，也是个爱美的人，街坊邻居都比不上她。可是就算是这样，谁要是添了件什么新东西，买了新的化妆品，她都要买个更好的之后才能平静。平时对妮妮爸爸也是这样，每天唠叨说邻居谁谁谁又涨工资了，隔壁的大哥提升为处长了，可是妮妮爸爸却仍旧在原地踏步，于是妈妈常常会说些埋怨的话，甚至是冷嘲热讽。

妮妮家的邻居有个跟妮妮一样大的小女孩儿，两个小姐妹非常要好，虽然没在一个班，但常常一起上学，一起回家。妮妮妈妈总是拿妮妮跟邻居小女孩儿作比较，如果妮妮考试成绩不如邻居女孩，妈妈就会骂妮妮怎么不如邻居女孩成绩好；如果妮妮放学晚回家一会儿，妈妈也会数落妮妮怎么不跟邻居女孩学学。有的时候妈妈还会说妮妮不如邻居女孩聪明之类的话，妮妮觉得很难受。后来，妮妮也常常不自觉地跟别人相比，什么成绩不如别人好啦，衣服不如别人漂亮啦，铅笔盒不如别人的高级啦，别人有的自己没有啦……

开始的时候，妮妮妈妈觉得妮妮有了上进心，学习进步了，非常高兴。可是慢慢地，看到女儿事事都要攀比抢先，妈妈也有点受不了了。

二

彤彤的妈妈也很爱攀比。有一天，她去参加学校的家长会，看到彤彤的照片在墙上挂着的光荣榜"GOOD"的标签下。妈妈很是高兴，又看到老师拿来的彤彤的成绩单全都是满分别提多高兴了。人们都说以前在那所学校就读的中国孩子，还从来没有在所有科目的综合评分上得过金牌，只有得过单项金牌的，彤彤是第一个，并纷纷过来向彤彤妈妈祝贺。彤彤妈妈很开心，同时虚荣心也极度膨胀，甚至想到以后彤彤如果拿不到金牌怎么办？那多没面子？转念却突然想起自己对彤彤最初的期望：不需要什么金牌银牌，只要她开心快乐地学好英文就好！

21

"昨天我家宝宝又会背了一首诗，来宝宝给阿姨背个昨天妈妈教的《悯农》！"

"锄禾日当午，汗滴禾下土。谁知盘中餐，粒粒皆辛苦。"

"哎呦，你家孩子会背诗了，我家孩子昨天还练数数呢！回家我也得教她背背诗了！"

## 亲子兵法

这样的情景是否似曾相识？其实，很多人都有攀比之心，请不要将这种心理传染给你的孩子。孩子是看着父母的背影长大的，父母的一言一行都会成为孩子的模仿对象，所以爸爸妈妈们可要谨言慎行了，不要在孩子面前流露出攀比的行为举止，也不要常常把孩子跟别的小朋友比来比去，这样既伤害孩子的自尊心，又会让孩子的虚荣心不断膨胀。

## ☞小编赠语

如果家长有攀比之心的话，孩子也会跟着模仿，不知不觉中，孩子也会变得虚荣、爱攀比，要让孩子克服虚荣心，父母就要做好孩子的榜样。

# 5. 小朋友的暴脾气

现在很多家长都说自己的孩子暴躁易怒，动不动就发脾气，可是打也打了，骂也骂了，就是改不了。我们先来看看下面故事中的小朋友脾气暴躁是怎么回事吧。

## 故事坊

真真今年五岁了，是个火爆脾气的小辣椒，在幼儿园也不爱跟其他小朋友说话、玩耍，性格喜怒无常，极易发怒，老师和小朋友都很难亲近。这让妈妈方婷很无奈，她也不明白为什么这个孩子这么怪，家里人性格都挺温和的。方婷有个好朋友叫刘莉，她也被同样的问题弄得心烦意乱，因为他的儿子牛牛也是一个脾气极坏的小孩儿，经常没有缘由地哭闹，有时候还会乱摔东西。

真真和牛牛暴躁孤僻的性格，是由他们的母亲怀孕时的不良情绪造成的。原来，方婷和刘莉当年在同一家工厂干活，两个人一直很要好，连结婚和怀孕的时间都相隔很近。在两人刚怀孕几个月时，工厂大批裁员，她们两个都在被裁的行列。一下子没了工作的生活显得有点拮据，眼看着肚子里的孩子一天天长大，花费也一天天增多，两个人都为生活发愁，所以整天闷闷不乐的。这种心境一直持续了很长时间。

经研究发现，孕妇的不良情绪会导致其体内的血管收缩，对胎儿的供血量也相应减少，时间久了会影响到胎儿的大脑发育，造成婴儿身体瘦小、体质差等问题，而在婴儿心理上则表现为易神经过敏与偏执。真真和牛牛就是在还没出生的时候受到了妈妈坏情绪的影响，才形成现在的暴脾气的。

### 亲子兵法

捷克一位学者做过一项研究，是比较"计划内怀孕"的孩子与"计划外怀孕"的孩子在身心发展方面的异同。两组孩子在出生时都是健康的，但在9年的追踪调查中发现，"计划外"的孩子更容易生病，很敏感、容易激动，跟小朋友的关系不是很好。因为对于"计划内怀孕",准妈妈一般都充满期待,心情比较好;而对于"意外妊娠",虽然已经是准妈妈了,可是在物质和心理上都还没有做好充分准备,甚至在内心深处还比较排斥这个不期而至的小东西。尽管准妈妈的情绪与宝宝的情绪并不存在一一对应的关系,但准妈妈长期的消极情绪,会在宝宝身上产生累积效应,从而使宝宝一出生就带有不良的心理状态。

对此,已经怀孕了的妈妈们要保持好的心情,无论怀孕是计划内的事还是计划外的事,既然已经打算把宝宝生下来,就要满心欢喜地等着迎接这个小生命,心情舒畅才能让宝宝的身体和心理都健康。

### ☞ 小编赠语

准妈妈们可要注意了,怀孕期间要保持心情疏朗愉快才能生出健康的宝宝啊。

## 第三章　过多的爱

人们常说："世界上最无私的爱，就是父母对子女的爱。"这一点也不假，世界上没有哪种爱，可以和父母对子女无条件的爱相比。作为父母，没有不疼爱自己孩子的，但值得注意的是疼爱和溺爱只有一线之差。

# 1. 自私不是天生的

## 故事坊

一

莫妮卡今年4岁了，在市里一家很好的幼儿园上学，不过老师们都很头疼这个孩子的自私。"这些积木是我的，都是我的！是我先拿来的！"莫妮卡一边喊着，一边拼命地用手和胳膊护着她面前的一大堆色彩鲜艳的积木。

"我也想玩，我要拿走几块。"丽亚站在旁边说。

"不给！你不能玩，我要玩所有的积木，一块也不能给你！"莫妮卡一边涨红着脸叫着，一边紧紧用手护住积木。

"怎么了？发生什么事了？"老师走过来，拨开莫妮卡的胳膊，慢慢说："莫妮卡，积木还有好多呢，是够你玩的了，分给丽亚一些。"

"不！"莫妮卡喊着，"那些积木都是我的！"这时，丽亚拿走了几块掉在一边的积木，在旁边玩了起来。

莫妮卡不由分说便走上前去，一把就推倒了丽亚刚刚搭起来的小房子，尖叫着："一块也不给你玩，这些都是我的！"

"幼儿园的玩具所有小朋友都可以玩，你要跟大家一起玩儿的，不能太自私了！"老师严肃地说，然后从莫妮卡那里拿了一些积木分给丽亚。

"我讨厌你！你把我的积木拿走了！"莫妮卡腾地站起来，使劲儿地跺着脚大哭。

老师非常生气，但是面对这个十足的"自私鬼"，却是一点办法都没有。

二

有位妈妈说，她很爱女儿，尽管工作忙，但就算是早起晚睡、加班加点也要为女儿料理好一切。本来觉得女儿应该很乖巧，很孝顺，可她却一点都不知道母亲的辛苦，反而认为这都是应该的。一次，妈妈生病了，早上女儿上学时明明看见了，可放学回到家，看妈妈还躺在床上，就生气地把书包往床上一摔，冷冷地说："还不起来做饭，懒猪！"当时，那位妈妈的心都碎了。

还有一位妈妈也说，别看她的孩子还很小，可是就已经学会自私了。家里人去外边吃饭，他点的菜谁也不许动，就算是吃不完扔了也不让动。他还一本正经地说："那是我的。"许多父母都感叹："这一代独生子女自私、冷漠，不关心人。"父母为孩子付出了全部的爱，可孩子给他们的爱却很少。

孩子的自私心理不是天生的，而是在后天环境中逐渐形成的。现在多为独生子女家庭，父辈和祖辈对孩子可以说是呵护备至，真是含在嘴里怕化了，背在肩上怕摔了。孩子们集宠爱于一身，甚至垄断了父母的整个身心。家里好吃的、好玩的东西都先尽他一个人享用，有什么要求家长都会尽量满足。有的父母甚至自己过着苦日子，而让孩子锦衣玉食。久而久之，自然而然地使他形成了自我为中心的观念，养成了自私的毛病。

## 亲子兵法

在孩子跟其他小朋友玩的时候，要告诉他不能只顾着自己，也要想到别人。就像幼儿园的玩具是大家共有的，不能自己霸着，这样谁都玩不了，而且如果这么霸道，就没有小朋友愿意理他了。孩子明白了这些，尽管刚开始不情愿，但还是会慢慢克服自私心理。

有时候讲道理，并不能让孩子明白，所以在日常生活中，父母还要给孩子提供一些机会，让孩子的分享、谦让行为得到锻炼。像买回好吃的东西，就引导孩子把东西分给家庭成员，跟家里人一起享用；跟小朋友玩耍时，引导孩子把自己心爱的积木、玩具分一些给小朋友玩。同时还要及时称赞孩子的慷慨和谦让，让孩子感到开心，这样孩子才能健康快乐地成长。

## 小编赠语

如果放任幼儿的自私行为，不加以约束，那么他长大后更会斤斤计较，变本加厉。所以在日常生活中，家长不能太娇惯、溺爱孩子。对那些不合理的要求，不能迁就，要坚决地拒绝。

第一部分 荒芜了的教育

# 2. 孩子的虎头蛇尾

## 故事坊

　　小强5岁了，虽然聪明伶俐，但却有些娇气，与同龄的孩子相比，也显得比较软弱。在家里，遇到一点点挫折就两手一扔放弃继续，从来也不会想办法解决。小强是个男孩子，可是爸爸妈妈从不忍心让他经历那些摔摔打打，只要小强一哭一闹，爸爸妈妈就心疼得不行了，赶紧又哄又劝，忙着帮小强解决问题。时间长了，小强也习惯了父母的帮助。平时只要遇到一点小困难，小强就来找爸爸妈妈帮忙，自己连克服一点小挫折的勇气都没有。结果就造成了小强在学校时被老师批评肯定会哭鼻子；被人不小心撞倒了，他也会趴在地上哇哇大哭，等老师过来把他扶起来的情况。

　　生活中像小强这样的孩子很多，孩子遇到困难就退缩是意志力薄弱的表现，这跟父母长辈的溺爱有很大关系。父母长辈替孩子做太多事情，孩子遇到困难的机会就会比较少，这样一来，孩子克服困难的能力也比较弱。有的孩子，在遇到困难的时候会急于向父母求救，而有的孩子则根本不管不顾，直接就扔到一边，可以说兴头来得快，等遇见问题了，兴头去得也快。孩子的自制力比较弱，才导致他们做事虎头蛇尾。

## 亲子兵法

　　孩子年龄小，注意力不稳定，父母要根据孩子的特点，从生活习惯入手，先提出小的要求，让其通过不大的努力就能完成任务。久而久之，孩子就会逐步地学会控制、约束自己的行为，去完整地做好每一件事情。

除此之外，还要让孩子负一点责任。孩子做事往往只凭兴趣，没了兴趣就丢去一边半途而废，父母应该郑重地把一些事情交给他，比如，家里养了小狗，让孩子记得喂食；家里订了报纸，让孩子记得去取报纸等。有了一定的责任，克服困难的勇气会一点一点地增加，让孩子通过自己的努力把事情做好，做事有始有终的习惯也就能逐渐培养起来。

孩子成长过程中总会经历一些失败，需要父母给他不断尝试的机会，这个时候，父母要尽量让孩子独立活动，当孩子遇到困难或障碍时，让他自己解决。这样，他最终完成或达到目标时就会分外珍惜这来之不易的满足感。如果以后遇见困难，他就会积极地去面对了。

🖙 小编赠语

有时候，溺爱孩子的并不是父母，而是家里的老人。他们常常会在孩子应该受到惩罚的时候袒护孩子，弄得孩子的父母说也不是，不说也不是。面对这样的情况，孩子的父母应该首先耐心说服老人，在教育孩子方面，长辈们配合好了，才会有事半功倍的效果。

# 3. 别让任性成为孩子的习惯

## 故事坊

一

我们常常见到小孩子跟妈妈逛街时，哭着闹着要买这买那，如果不买就撒泼打滚，怎么劝都没办法。这种情况下，很多家长都会选择妥协，因为一方面孩子哭闹妈妈会心疼，另一方面也会觉得在大街上哭闹实在不成样子。还有些时候，孩子任性哭闹，即便父母能狠下心来决不妥协，爷爷奶奶也不会袖手旁观，"什么值钱的东西，值得让孩子哭成这样，你们不买我给孩子买！"这恐怕是我们最常听到的话了。于是情况变得愈演愈烈，孩子一感到心里不爽，就会通过任性的方式达到自己想要的结果。时间长了，任性就成了孩子的家常便饭。这样看来，孩子养成这样的不良习惯是父母的溺爱造成的。

二

有的孩子一从幼儿园回到家，就撒了欢儿了，在屋里又蹦又跳，一会儿爬到床上，一会儿又窜到沙发上，家里被弄得乱七八糟。有的孩子看电视时，总把音量放得特别大，爸爸妈妈简直无法谈话、学习或休息，说他几句，他就大吵大闹，甚至是直接躺在地上又哭又叫，任由水啊泥啊的粘在身上。以上的这种情况，如果家长一味迁就，会让孩子觉得这样没什么不对的，慢慢还会形成习惯。

三

还有的孩子"人来疯"，只要家里一有客人，他就会不停地吵闹，还喜欢乱扔东西，有的孩子甚至离谱到能把一只拖鞋踢进一盆刚端上来的的鱼汤里。面对胡闹的孩子，家长们往往按捺不住心里的怒火，而劈头盖脸地一顿打骂，虽然当时安静了，可是过不了几天，就又会依然如故，真是让人头疼。

妈妈们一般比较容易心软，孩子们利用妈妈的爱面子，故意用撒泼的方式胁迫妈妈。这时，妈妈们要咬牙坚持，决不能迁就孩子，要摆出一副满不在乎的样子。这样孩子会大吃一惊，没想到妈妈跟自己想的不一样，自然也就灰溜溜地收敛起来，以后也不敢再造次了。

当遇见孩子"人来疯"时，可以强制让他休息片刻，作为惩罚，可以把孩子带进另一个房间，让他脱离使之兴奋的环境，两眼冷静地审视他，强制他休息片刻。

孩子的任性不能迁就，也不能靠打骂解决。当有客人来访，孩子吵闹乱扔东西时，家长可以建议玩射靶游戏，这样既能满足孩子的表现欲，又能在游戏中约束孩子。

☞ 小编赠语

任性的最根本原因之一，是孩子缺乏自我控制、自我管理的能力。平时注意培养孩子自我管理的意识，是一个行之有效的方法。例如，让孩子把不玩的玩具放进柜里，睡觉起床后把小枕巾盖在枕头上。久而久之，他会学会约束控制自己，形成良好的自我管理的习惯。

# 4. 别让称赞种下骄傲的种子

如今，教育上有个新的教育理念，就是赏识教育。很多父母都尝试着

第一部分 荒芜了的教育

用这种方法教育孩子，也取得了不少成效。不过教育专家提醒，正确的表扬有助于孩子自我意识的建立，也有利于孩子独立能力的培养，但是过度表扬，容易让孩子骄傲，当孩子走出自卑的低谷，或者已经开始积极面对生活的时候，家长们的称赞就要适当收回一些了。

## 故事坊

一

美国前总统卡特，年轻时读的是军校。有一天，有位将军来学校审查，他走到卡特面前问："告诉我你的成绩！"卡特大声说："报告将军，我这次考了第200名。"当时军校有几千名学生，卡特能排到第200名，应该说是相当不错的，所以卡特在言语中，带着点自豪和兴奋。可出乎意料的是，将军却说："告诉我，第一名是谁？你为什么不是第一名？"

二

赵放今年上初二，明年就要参加中考了，他的成绩在班上算是不错的，也比较稳定，不过父母希望激励他能更上一层楼，所以就把他以前获的奖励，还有优异成绩单什么的，都挂在客厅里。每次有客人来家里，看到那些荣誉都忍不住称赞赵放几句。父母跟亲戚朋友的称赞，让赵放特别高兴，他觉得很自豪，渐渐地也骄傲了起来。从那以后，赵放觉得自己很了不起，上课时听讲不那么认真了，学习的时候也不踏实了，脑海里总是闪过"第一"、"状元"等字眼。可想而知，成绩慢慢也就滑了下来。

生活中，也有不少孩子像年轻时候的卡特一样，取得一点成绩就会沾沾自喜。这往往会让他原地踏步，甚至还会在骄傲的泥潭里越陷越深，最终被骄傲"害死"。

骄傲是一个陷阱，潜伏在孩子的成长历程中，如果他们疏忽大意，很容易就会掉进陷阱难以自拔。如果孩子掉进去不出来，就会永远退步下去。正像有人说的那样，"骄傲就像一个变化无常的魔术师，当它向你走过来时，它变出了一架按摩椅，使你享受着舒适，但当你转过身时，它又变成了一个险恶的恶魔，一下子向你扑来，使你深受其害。"

**亲子兵法**

当孩子习惯了父母的表扬时，就会对批评的话语产生抵触心理，听不进批评的声音。德国教育家卡尔·威特说过："我们不能让孩子在受责备的环境中成长，但是也不能让他们整天泡在赞美里。"过分表扬，有可能给孩子造成不必要的困扰、压力，更大的可能是使孩子产生自满情绪。

**小编赠语**

父母要让孩子在成长中，始终保持谦虚谨慎的心态：在没有取得胜利之前，不要掉以轻心；在取得胜利之后，不要得意忘形。当他变得疏忽大意时，应该及时提醒，让他正确认识自己。

# 5. 别让孩子远离自立

我们可以代替孩子做事，但是代替不了孩子成长，不过很多家长还是很愿意做孩子的一根拐棍。自立是一种态度，也是在竞争如此激烈的今天的一种生存能力。如果孩子习惯了被照顾，习惯了被宠爱，习惯了一切事都让别人代做，那么当有一天家长不能再继续呵护孩子时，孩子就会觉得不知所措，甚至没有自理能力。

## 故事坊

冬冬上小学一年级，他跟着爷爷奶奶住，二老照顾他的饮食起居和学习，上学放学也都由二老接送。离谱的是，冬冬的奶奶每天中午都会去学校看孙子吃饭，开始时只是在门口偷看几眼，到后来干脆到教室喂孙子吃饭。冬冬自己不觉得什么，可是跟其他孩子相比，他的自理能力确实要差很多。

一次，晨练结束后，孩子们聚在一起吃早点。冬冬吃得很快，吃完后还抽了一张餐巾纸擦了擦小嘴，老师正想称赞他讲卫生，谁知突然一团揉破了的餐巾纸扔到了老师的脚下。老师拉住他说："冬冬，吃完饭要把餐巾纸扔到垃圾桶里，知道吗？来，把餐巾纸捡起来，扔到垃圾桶里，好吗？"谁知，冬冬双手叉腰，小眼瞪着老师说："老师你真懒，又叫我做事了，我回去告诉奶奶。"说完撅着小嘴生气地走了。

老师知道这是因为家长太宠着孩子造成的，在老师的坚持下，冬冬的奶奶终于不来幼儿园照顾孙子了，但之后冬冬在班上显得比较沉默胆小，也不太合群，动手能力还很差，在同伴面前显得有些自卑。

还有一个报道，说有一个三年级的小学生，每天午饭都会带一个鸡蛋，鸡蛋每次都是妈妈剥了蛋壳后装进饭盒。有一次妈妈没来得及剥蛋壳，吃饭时这个孩子竟然犯了难，不知怎么对付这个鸡蛋，最后只好把鸡蛋带回了家，交给妈妈来对付。

## 亲子兵法

意大利著名的教育家蒙台梭利，提醒家长说，教育首先要引导孩子走独立的道路。让孩子从小就做一些力所能及的事，像洗自己的衣服、帮爸爸妈妈刷碗、拖地，铺床叠被等，孩子只有明白了自己的事情自己做，才能逐渐形成自立意识和自立能力。

隔代教育，在我国是一种非常普遍的教育现象，这对孩子的个性发展有很大影响。老人易"重养轻教"，溺爱和迁就容易让孩子以自我为中心，而过分保护也会抑制孩子的独立能力和自信心，使孩子依赖心理越来越强，变得更加娇气、胆小怕事。所以，爷爷奶奶们要注意啦，疼爱孙子孙女也要有个度，不能一味袒护、宠着、什么事都尽着孩子来，不能什么事都不让孩子做。生活中一些小事都要让孩子试着多做一些。

现在许多中学生，甚至大学生生活自理能力差，就是溺爱的结果。很多学生不仅不会洗衣服、叠被子，一离开父母的呵护出外求学，就连什么事情该做，什么事情不该做都很茫然，更有甚者，连冷了要加衣服、换厚被子都不知道。对自己的日常生活都如此不知所措，何谈将来为梦想，做大事。

☞ 小编赠语

> 让孩子走出过度保护的藩篱，深藏在他们身体内部的各种潜能才能充分地发挥出来。

第一部分 荒芜了的教育

## 第四章　纵容对孩子的影响

现在的家庭大多只有一个孩子，对于父母长辈来说，孩子如珠如宝，一点委屈都不能受，所以无论是孩子提出什么样的要求，哪怕是上天搜月摘星，父母都要想办法做到，而对于生活中孩子所犯的一些不大不小的错误，父母更是睁一只眼，闭一只眼。纵容的虽然是童年，可受到影响的却是一生。

# 1. 孩子的自控能力

以前曾有一项关于自控能力的研究：研究员给中国和澳大利亚的小朋友两个玩具：一个是大的救火车，一个是小卡车，并问小朋友喜欢哪一辆。大多数小朋友表示喜欢大的救火车，研究者跟小朋友说，老师需要先去办公室工作一会儿，想玩大救火车要等老师回来后才行，需要坚持15分钟。如果等不了，可以按铃，老师听到铃声就会回来，不过就不能玩大救火车，只能玩那辆小卡车了。

当时的研究显示，中国孩子不如澳大利亚小朋友等的时间长，而且能坚持15分钟的人不多。这说明中国孩子的自控能力是比较差的。

## 故事坊

其实自控能力跟家庭教育是息息相关的，我们来看看老威特是怎样教育孩子的。

　　小威特6岁时，老威特曾带他去牧师家做客，牧师的太太很热情，留这一对父子多住了几天。牧师一家很喜欢小威特，所以第二天早上特意调制了他爱喝的牛奶。可是小维特在喝牛奶时弄洒了一点，因为在家老维特规定，弄洒了食物就要受罚——只能吃面包和盐。所以，小威特低着头，始终没有喝牛奶。老威特在一边装作没看见，只埋头吃饭。牧师劝小威特喝牛奶，可他就是不肯喝。在牧师的一再劝说下，小威特说："我洒了牛奶，就不能再喝了。"牧师家的人听了，先是一愣，接着都说："没关系，喝吧，没事的。"小威特还是不喝，牧师觉得小威特一定是怕爸爸责怪才不敢喝，就跟老威特说让孩子喝了牛奶。老威特顿了顿，让儿子先出去一下，跟牧师全家说了其中的原因。

　　听完老威特的解释，牧师一家都说："小威特才6岁，只犯了一点小错就不能吃他喜欢吃的东西，你也太苛刻了吧？"老威特说："不，他不是因为怕我才不喝的，而是他自己心里认识到这是约束自己的纪律，所以才不喝。"但是牧师一家并不相信，老威特只好说："这样吧，我可以离开一会儿，你们把我儿子叫来，再劝他喝，不过他还是不会喝的。"说完，老威特就离开了。

　　于是牧师把小威特叫进来，热情地劝他喝牛奶、吃点心，但是小维特还是不喝。牧师又让太太换了新牛奶，拿出新点心对小威特说："吃吧，你爸爸出去了，我们不会告诉他，他不会知道的。"可是小维特还是不吃，说："就算爸爸看不见，上帝也能看见，我不能撒谎。"牧师又说："一会儿，我们要一起去散步，如果不吃东西，半路上会饿的。"小威特回答："没关系。"牧师一家实在没有办法，只好把老威特叫了进来。见到爸爸，小维特激动地向爸爸说了情况，眼里还有着星星点点的泪花。

　　老威特听完后对儿子说："儿子，你对自己的惩罚已经够了。我们一会儿要出去散步，你把牛奶和点心吃了，不要辜负了大家的关心，吃完我们好出发。"小威特听爸爸这么说才高兴地把牛奶喝了。

**亲子兵法**

　　人是需要控制的，孩子也一样。如果孩子缺乏鲜明的道德观念和辨别是非的意识，任性放纵、为所欲为而不加控制，会影响到孩子的健康成长，甚至将来还会危害社会。因此我们要从一开始就对孩子严格要求，不该做的事，一开始就不允许，孩子也就不会觉得有什么痛苦了。如果父母因为一味心疼孩子，放纵孩子，而没有贯彻这项教育的决心，那就不要应用这样的教育方法。因为如果有时允许孩子这样做，有时又不允许，反而会给孩子带来痛苦。

**☞小编赠语**

　　培养孩子的自控能力，就要从孩子的生活习惯入手，还要一直坚持，否则不仅起不到预想的效果，反而会让孩子觉得困惑，甚至让孩子很痛苦。

# 2. 娇惯，纵容孩子任性

**故事坊**

**一**

　　有个6岁的小女孩，爷爷、奶奶、外公、外婆还有爸爸妈妈都非常宠爱她。一天晚上，爷爷、奶奶刚做好晚饭，正准备吃饭的时候，小女孩突然要吃冰淇淋。但当时正是冬天，超市离家很远，附近的商店晚上根本买不到冰淇淋。爷爷奶奶就劝孙女儿先吃饭，等吃完饭带她坐车去买。可是孩子根本不听，见爷爷、奶奶没有立刻去买的意思，竟把自己锁在阳台上，还威胁说要是不立刻去买，就从阳台上跳下去，把两位老人急得要犯心脏病。没办法，两位老人只好带她出去买冰淇淋。

二

彬彬同样让爸爸妈妈头疼不已。一次，表姐获得了儿童绘画比赛的二等奖，又赶上过生日，妈妈就带着彬彬去表姐家玩，还送给表姐一盒精美的画笔。彬彬见了很是嫉妒，闹着让妈妈立刻给他也买一盒一模一样的，否则就不吃饭。妈妈只好连哄带骗，总算是熬过了吃饭。可是晚上回到家，彬彬还是对那盒画笔耿耿于怀，依然坚持"绝食"斗争。妈妈拗不过他，又心疼孩子，只好满足了他的要求。就这样，彬彬常以"绝食"为武器，提出一些无理的要求。

三

聪聪上幼儿园了，老师们都说聪聪各方面都不错，就是脾气非常大。其实，聪聪从小就一副牛脾气，一阵一阵的，有时候犯起犟来，就任性胡闹，谁的话也不听。一天，聪聪说喜欢小朋友的玩具车，爸爸就赶紧给买来了，谁知又不对聪聪的心思，于是聪聪又开始发脾气，又哭又闹，怎么劝说也不行。

类似的事情有很多，有位家长说："我就怕孩子哭，一听他哭，我心里就像针扎一样，只好放弃原则，结果处处都得顺着孩子的心意办。"孩子其实并不知道自己提出的要求有多不合理，当遭到拒绝时，心里不高兴，就会用各种方式表达自己的不满。遇到这种情况，如果家长一味妥协，孩子绝对不会因此明白自己做得不对，相反，他取得了"一哭就灵"的经验，下次就会如法炮制。

第一部分　荒芜了的教育

**亲子兵法**

　　任性的孩子缺乏自我约束，无论什么事都要按自己的心意来办，如果不能如愿，就由着性子来，有的胡搅蛮缠，有的做各种破坏活动，有的乱发脾气，有的则绝食拒睡。其中，自己伤害自己，是很多任性的孩子用来胁迫家长的常用"武器"。

　　父母的过分娇宠、纵容，是造成孩子任性的主要原因。现在的家庭大都是独生子女，父母把孩子视为至宝、呵护倍至，对孩子的要求也是无节制、无原则地有求必应，生怕让孩子受一点点委屈，孩子自然会得寸进尺。久而久之，孩子就一切以自我为中心，一切行为以是否满足"我"的要求为转移，最后发展到无法控制的程度。

**小编赠语**

　　只有不满足孩子的不合理要求，不纵容孩子的过失，才能矫正孩子的任性。

# 3. 宠溺，纵容孩子的虚荣

**故事坊**

　　小松今年上小学六年级，快过元旦了，班主任老师给学生家长们发了一封信，邀请家长来学校参加联欢会。可是，小松却没有把信交给父母，而是一直自己收着，并告诉当老师的大姨去参加，还嘱咐大姨一定要开车去学校。

小松的妈妈听邻居说老师邀请家长参加联欢会，回家后就不高兴地质问儿子："为什么把信藏起来，不告诉我和你爸？"小松支吾了半天，说："我不想让你参加……"妈妈一听火儿就大了，大声说："说什么？难道你妈会给你丢脸吗？"

小松揪着衣角不吭声，过了一会儿，他终于鼓足了勇气说："妈妈，你给人家当保姆一点都不体面，同学们会看不起，你也不如我同学的妈妈会打扮，还有，发言的时候嗓门那么大，大家都笑话我……"

一听这话，妈妈气得浑身发料，"儿子啊，你怎么这么小就这么虚荣啊？妈妈是没做什么体面的工作，但吃的穿的妈妈一点没委屈你，你也不比班上同学差。是，妈妈是不打扮，整天为了生活打转儿，哪有闲工夫打扮啊？"小松不再说什么，可是心里却还是认准了决不让妈妈去参加家长会。

### 亲子兵法

虚荣心在孩子中具有一定的普遍性，虚荣心强的孩子，经常会出现各种问题，像嫉妒心理、情绪不稳定等，还会造成孩子行为上的迷失。父母都希望给孩子最好的，可是偏偏条件越优越，孩子出问题反而越来越多。

常听见媒体曝光一些孩子"换妈妈"、"离家出走"、"他只是老乡"等让人寒心的言行，正是父母的过于疼爱，才让孩子觉得一切都应该是光鲜的，根本不懂得生活的艰辛，不珍惜父母的血汗。不过，孩子讲虚荣、爱攀比多数是受成人影响。小孩子年幼无知，分辨不出真善美、假恶丑，如果父母本身就有很强的虚荣心，整天只讲吃穿，炫耀自己的富有，那么孩子势必会受到感染，也慢慢学会虚荣。

所以日常生活中，爸爸妈妈们在疼爱孩子的同时，也要把握一个度，让孩子懂得生活、懂得磨难、懂得珍惜，还要告诫孩子不要在生活上攀比，要在品德学习上"竞赛"。

> 榜样的力量是强大的，孩子们看着父母的背影长大，所以爸爸妈妈们自己也要以身作则，不攀比，不炫耀，这样才能给孩子一个健康的生活环境，让孩子能够没有心理负担地、健康快乐地成长。

# 4. 懒惰在纵容中恣意生长

相信家长们都不希望自己的宝宝懒惰，可是在家长们的照顾和呵护下的宝宝们，却很多都有懒惰的毛病。

## 故事坊

小贝做事总是拖拖拉拉，非要等到不得不做的时候才慢悠悠地动手，催得急了就马虎应付。早上起床叠被时是这样，洗脸刷牙时是这样，就连做作业也是这样，不喜欢动脑筋，一遇见难题就不做，妈妈批评他，他就脖子一梗，"那你教教我！"小贝还不喜欢运动，觉得运动太累了，还很麻烦，天天就是在床上赖着，慢慢地也变得越来越胖。这让妈妈很苦恼，可是每次一说，小贝总有他的理由，说来说去妈妈最后还是说不动他。

现在生活条件好了，家长们总觉得自己小时候吃了很多苦，现在不能再让孩子也吃那么多苦。于是，在家里，事无巨细，甚至穿衣穿袜都要亲手照顾，那个无微不至真是没的说。可是孩子们却在这细致的照顾下变得越来越懒，甚至连生活都难以自理，总是依赖别人。这样发展下去，以后想在社会上立足恐怕都很难。

懒惰的人除了不爱干活儿之外，更要命的是懒惰会腐蚀人的斗志，让孩子做事情习惯拈轻怕重。缺乏生活体验的他们，还会在处理问题时畏首畏尾，缺乏解决问题的能力和挑战难关的勇气。在困难面前，他们最直接的做法往往就是逃离，并且总把希望寄托在别人身上，希望有人能帮自己渡过难关。

### 亲子兵法

　　孩子的成长其实是一个体验过程，他们需要体验生活的美好，也要体验生活的艰辛、痛苦和劳累，所以家长要适当地让孩子做一些力所能及的事情，像铺床叠被、洗衣做饭什么的，都要让孩子试着做一做，这样既可以让孩子体会到生活的乐趣，也可以缓解一下孩子学习时紧绷的神经。

　　当孩子遇到难题时，家长也不要马上告诉孩子解决办法，可以一步一步地引导孩子往下思考。

　　记得看过这样一个故事：

　　一天，有个人带着儿子在院子里说话，忽然墙头探出来一个脑袋，往院子里看了看就又缩回去了。这个人就问儿子，"你说那个人是干什么的？"儿子随口说："是小偷吧？"他点了点头，又说："你说他在墙头看了看，是在看什么呀？"儿子想了想说："是不是想看看家里有没有人啊？""嗯，他看到院子里有人坐着，所以就又把头缩回去了。那你说这个人一身乡下种地人的打扮，他能在咱们家找什么呢？"儿子摸摸头，忽然拍了一下手掌，说："他一定是在找牛！"父亲听了，赞赏地点了点头，对儿子说："以后遇到问题要多动脑筋，这样很多谜团就会迎刃而解了。"

　　无论什么时候，遇见什么样的困难，没有人能保证会一直陪在孩子身边，所以从小就要培养孩子的自立能力，家长的一片"爱子心切"，只会让孩子成天无所事事、不思进取，最后落得一事无成。

### ☞ 小编赠语

> 　　家长的溺爱，往往会助长孩子坏习惯的滋长。懒惰，让孩子不能自强、自勉、自我激励，一旦遭到不幸，便可能从此难以重新振作，继续努力。家长们要时时督促孩子们做好自己能做的事，不断引导孩子自己去解决困难。

## 第五章　父母不要在对孩子的爱中迷失

世界上最伟大的爱，恐怕非父母对孩子的爱莫属。不过在爱孩子的同时，还要清楚地知道自己在做什么，想要怎样，不要迷失在对孩子的爱中，只是一味溺爱孩子。

# 1. 不要无限满足孩子的要求

## 故事坊

一

方女士几乎没有打骂过女儿，但也从不过分宠爱她，对不合理的要求，方女士向来绝不满足。

女儿上幼儿园时，有一次方女士带她去买鞋，当看到一双特别漂亮的鞋子时，女儿要求妈妈把鞋架上这种款式的所有鞋子全买下来。"为什么？"方女士问。

"我不准别的孩子和我穿一模一样的鞋子！""你还真是个蛮横的小公主！"方女士坚决地说，"如果你带着鞋子，我不会带你去别的地方玩；如果你放下鞋子，乖乖的，我就带你去。"女儿还是不愿意放下手里的鞋子。方女士说："好吧，那你就提着鞋子吧。"那天，方女士真的没带女儿去别的地方，也没满足她的要求。

由于从小就严格要求女儿，不让她养成任性的毛病，随着年龄的增长，她不懂事时的任性已消失无踪。现在，她依然很有个性，很自信，很要强，但不自负。

二

一次，周周妈妈带着3岁的周周逛商场。她打算给自己挑几件衣服，可周周却吵着要去买玩具。妈妈说买完衣服，再去买玩具，可是，周周坚持现在就去，还坐到地上哇哇大哭，弄得妈妈十分难堪。

森森过生日时，请了很多小朋友到家里玩儿。小朋友们在争抢森森的新玩具时不小心摔坏了，森森大发雷霆，不停责怪小朋友。妈妈劝他，他还跟妈妈闹了起来。

丁丁爸爸在家赶写一篇文章，丁丁非要爸爸陪他玩。爸爸不答应，丁丁就不停地哭喊，还乱扔东西，爸爸气急发了火。这时丁丁的奶奶赶紧过来袒护孙子，丁丁更是闹翻了天。

这是家长平常过分纵容孩子，孩子要什么就给买什么，无限满足孩子要求的结果。另外，面对任性的孩子，家长一味迁就，怕孩子受苦，也是造成孩子任性的重要原因。除此之外，爸爸妈妈的虚荣心，也促成了孩子的坏脾气。有些家长虚荣心很强，总要让孩子在物质上超过别人，造成孩子总以为自己高人一等，形成了以"自我"为中心，一切按"自我"的意愿去做的执拗性格。

## 亲子兵法

第一招：适当冷落孩子。

孩子对情绪的控制能力比较差，发点"小脾气"是常见的事，只需在孩子发脾气时冷落他，等他发完脾气后再说服教育就行，这是比较有效的方法。不妨这样说："妈妈不喜欢你发脾气，你哭就哭吧，什么时候不哭了，妈妈才理睬你。"一定不要因为心疼或别的原因放弃原则。

第二招：及时批评，及时表扬。

当孩子没道理地乱发脾气时，家长应立即指出他的错误，并对他冷淡下来，直到他"软"下来，再给他讲道理。而当孩子有所进步，家长要及时给予表扬和鼓励，希望孩子能坚持下去。这样孩子就能逐渐克服爱乱发脾气的毛病。

第三招：不要孩子要什么就给什么。

适当控制孩子的欲望，让孩子明白他并不是轴心。

### ☞ 小编赠语

家长要是真的爱孩子，想给孩子幸福，就不要无限地满足他们的要求。

# 2. 可以不挨打，但不能不受罚

家长们虽然很爱孩子，可是很多家长被孩子气急了，也会抡起巴掌狠狠教训。其实，惩罚的方式有很多种，我们不赞成打孩子，但是双手赞成给他们一些惩罚。

### 故事坊

美国的斯特娜夫人，是一位享有盛名的早期教育家，她在教育女儿的过程中，曾经发生过这样一个故事：

一天，孩子问妈妈："我想到同学家里去玩，可以吗？"母亲说："可以，但必须在12点半之前回来。"可那天孩子到家的时间比预定的晚了20分钟。斯特娜夫人看到孩子回来，她什么都没说，只是指了一下墙上的钟。孩子知道回来晚了，马上道歉说："对不起，是我不好。"吃完饭，孩子赶紧换上了衣服，因为她每到星期二就要去看戏或看电影。这时，斯特娜夫人又让孩子看看钟，并说："今天已经来不及了，戏和电影是看不成了。"孩子显得很难过，眼泪汪汪的。可是斯特娜夫人并未就此止步，而是十分惋惜地说了一句耐人寻味的话："这真遗憾！"

"这真遗憾"，面对孩子的过错，尽管斯特挪夫人只说了这寥寥几个字，并未采取任何其他处罚手段，但是使孩子明白了一个简单的道理：母亲的要求如果是正确的，那就必须照办，否则要为此付出代价。

## 亲子兵法

孩子的错误不能纵容，不要因为怕孩子难过就权且放过，要让孩子明白，犯了错就应该承担责任，接受惩罚。但是体罚不是一个好方法，会让孩子产生恐惧心理，所谓"小惩大诫"，就是这个意思。

## 小编赠语

所有的过错都是要为之付出代价的，可是我们的孩子却并不明白这一点，因为这代价和责任被父母扛下了。错了就是错了，父母们习惯了为孩子扛下所有责任，孩子也习惯了让父母扛下那些本应自己负的责任，等到父母不在了，谁来帮孩子扛呢？

# 3. 赏识教育， 不是赏识错误

近些年来，人们一直在反思教育问题，于是出现了一种新的教育理念——赏识教育。而教育界也兴起一种新的倾向，就是想方设法表扬孩子，千方百计避免批评。表面上看，这是人性化的教育新理念，可是实际上却是教育上的无知。

## 故事坊

《蜡笔小新》曾是风靡一时的日本动漫，小新的表面憨直、内心伶俐，妈妈的神经大条、性情狂躁，都让人忍俊不禁。

记得有一集是这样的：小新妈妈听说多赞美孩子孩子就会很乖，于是她一改平常的"凶悍"，不再对小新吆喝。小新一进家，说："妈妈，你回来了。"往常妈妈一定会说："要说'我回来了'。"可是那一天妈妈却笑着说："啊，你回来了啊？快进来吧。"要吃饭时小新倒洒了饮料，往常妈妈一定会埋怨又把自己刚打扫好的房间弄脏了，可那天妈妈却夸小新洒得好。小新不喜欢吃青椒，尽管那是很有营养的蔬菜，妈妈每天都为这个头疼。吃饭时，菜里有青椒，小新又像往常一样只剩下了青椒，妈妈却没有像往常一样逼着小新把青椒吃完，而是笑着跟小新说剩得好，就应该剩下。于是一天下来，小新被妈妈的奇怪举动吓得病倒了，妈妈也被自己的奇怪举动憋得病倒了。

这虽然是一个搞笑的动漫，但是赏识教育如果只赏识，对孩子的错误不加以矫正，孩子爱做什么就做什么，想吃什么就吃什么，想说什么就说什么，那么孩子会变成什么样呢？

孩子在成长过程中会不停地犯错，犯了错及时改正，然后又会犯其他

49

错误，接着再继续改正，正是在这反复地改正中，孩子吸收了营养，得到了锻炼，所以批评教育在孩子的成长中绝对不可或缺。

**亲子兵法**

批评惩罚教育的核心，是为了教育人承认自己的过失并对过失承担责任。在教育孩子的过程中，以鼓励和称赞为主是对的，但批评惩罚教育绝不等于侮辱歧视或打骂，恰恰相反，越要批评越要尊重，越要惩罚越要合理。

事实上，孩子犯错误的时候，往往是最容易教育的时候，关键在于因势利导，促使孩子内心里的矛盾转化，向善美转化。

**☞小编赠语**

对于受宠的独生子女来说，无批评教育就是让他们在危险面前信马由缰。

# 4. 把坚持变成习惯

孩子的自制力需要家长在一旁鞭策督促，俗话说："一日一根线，十年织成缎。"只要持之以恒，养成习惯，孩子就能将坚持变成一种习惯。

我国当代著名教育家魏书生老师说："19年来，我已经不止一千次地在大会上建议老师、同学都来写日记了。为什么总这样建议？因为我自己和我的学生们从写日记中获得了多方面的益处。"魏老师认为坚持写日记有多种好处：第一，日记能让我们记住自己做过的重要的事、见过的人、用过的物，记住自己的经验教训；第二，写日记有助于改变自我、超越自我；第三，写日记能磨炼人的意志；第四，写日记能提高分析问题、认识问题的能力；第五，写日记可以积累材料、提高写作水平。

## 故事坊

有个富人与制皮匠是邻居。富人受不了皮革的臭气，多次逼迫制皮匠搬家。制皮匠每次都说："马上就搬。"可是却老是拖着不搬。这样一直拖来拖去，渐渐地，富人闻惯了皮革的臭气，也就不再非难制皮匠了。

俗话说："习惯成自然。"习惯能消除对事物的恶感。不要让坏习惯成为自然，而是要努力使好的习惯成为自己的本能反应。

小牛看见母牛在农民的皮鞭下汗流浃背地耕田，感到很难过，就问："妈妈，世界这么大，为什么我们一定要在这里受苦，受人折磨呢？"

母牛一边耕地，一边无奈地回答："没办法呀，自从咱们吃了人家的东西，就已经身不由己地祖祖辈辈都是这样了啊！"

习惯一开始不是自己的"主人"，如果被它奴役得久了，就会"身不由己"，变成了它的奴隶。相反，如果习惯被自己奴役惯了，那么你就成了习惯的主人。

日记是随笔记录生活、学习、工作中的种种情况，坚持下去能促进写作的快速提高，还会成为自己人生中的一笔巨大财富，因为那里记载的都是自己曾有的人生经验。与写日记相似，要想增强阅读能力，摘抄是一个行之有效的办法。因为任何一部书、一本杂志、一篇文章都不可能字字千金、句句经典，对于有价值的内容，我们在阅读的过程中应该摘妙下来，收集在一起。如果每一次阅读都能摘出其中的精华，日积月累，我们就会拥有一笔可贵的财富，这对以后的学习和写作会有莫大的帮助。

无论是记日记也好，还是搞摘抄也罢，长久地坚持会让它形成一种习惯，这习惯让我们获益良多。

## 亲子兵法

当孩子无法坚持一件事情的时候，不妨让它成为孩子的一种习惯，因为习惯不存在心理上要下什么决心，它只是人生活中一个自然的行为，这样恐怕比家长们天天监督孩子完成要省力多了。

## 小编赠语

当孩子无法坚持把某件事情坚持做下来的时候，爸爸妈妈们要在一旁督促提醒，当孩子把坚持变成自己的习惯，变成自己生活的一部分时，就会形成做事懂得坚持的品质。

# 5. 坏习惯是长在孩子身上的杂草

## 故事坊

有位哲学家带着自己的学生来到一片草地，并坐了下来。哲学家问："现在我们坐在什么地方？"学生们回答："草地上。"哲学家又问："这块儿荒地里长满了杂草，大家想想看怎样才能除掉这些杂草呢？"学生们们说什么的都有，有的说用火烧，有的说用铲挖，有的说……

这时，哲学家站起来，说："等你们回去，各自按照自己的方法除去一片杂草。并且一年后，我们再来相聚。"

一年很快就过去了，大家又都回来了，只是原来相聚的地方已不再杂草丛生，而是一片长满麦子的庄稼地，可是哲学家却没有来。后来，哲学家去世了，学生们在整理他的遗物时，发现他在自己的日记最后写道：要想除去旷野上的杂草，方法只有一种，那就是在上面种上庄稼。同样，要想让灵魂无忧，唯一的方法就是用美德去占据它。

任何事物都有好坏之分，习惯也不例外，而且好习惯和坏习惯从来都是此消彼长，就像那片荒地，种上了庄稼，杂草自然就不会像原来那样肆无忌惮地长了。家长们总是抱怨孩子不优秀、不听话，那么看看他是不是有爱睡懒觉、不爱洗衣服、晚上不喜欢刷牙、喜欢吮吸手指、不讲卫生、不喜欢看书……这些坏习惯，只有让好习惯占据坏习惯的领地，才能让孩子变成爸爸妈妈心目中的好孩子。

## 亲子兵法

孩子往往自制力比较差，这就需要爸爸妈妈提醒孩子改掉坏习惯，养成好习惯。比如提醒孩子坚持晚上洗漱之后再睡觉，每天坚持看半个小时或一个小时的书，早上坚持晨练等……在爸爸妈妈的耐心督促下，孩子一定会有很大变化。

## 小编赠语

佛家说："身是菩提树，心如明镜台。时时勤拂拭，莫使惹尘埃。"如果孩子能时常拔除习惯的杂草，用心栽培好习惯，相信孩子的人生将会坦荡许多。

# 6. 学会耐心等待

## 故事坊

一位著名推销大师，即将告别推销生涯，他决定在城里最大的体育馆做告别职业生涯的演说。那天，会场座无虚席，人们热切地等待着他做精彩的演讲。大幕徐徐拉开，讲台的正中央搭着一个高大的铁架，铁架上吊着一个巨大的铁球。

一位老人在人们热烈的掌声中走了出来，站在铁架边。人们吃惊地望着他，不知道他要做什么。两位工作人员抬了一个大铁锤，放在了老者的面前。这时，主持人说话了："请两位身体强壮的朋友到台上来。"有两个动作快的非常迅速地跑到了台上。老人请他们用那个大铁锤敲打吊着的铁球，直到把它荡起来。一个年轻人拉开架势，抡起大锤，全力向那铁球砸去，一声震耳的响声过后，那吊球连动都没动。于是他又用大铁锤接连砸向吊球，很快他就气喘吁吁了，可是铁球依然还是没动。另一个人也不示弱，接过大铁锤把吊球敲得叮铛响，可是铁球依然纹丝不动。

台下逐渐没了呐喊声，观众好像认定那是没用的，等着老人做出什么解释。然而，老人并没有说话，只是笑了笑，然后从口袋里掏出一个小锤，认真地面对着那个巨大的铁球"咚"地敲了一下，接着停顿一下，再一次用小锤"咚"地敲一下，又停顿一下……就这样持续地做。

10分钟过去了，20分钟过去了，会场上的人开始骚动了，人们用各种声音和动作发泄着他们的不满。但老人就好像没听见一样，仍然用小锤不停地敲着。有的人开始愤然离去，会场上出现了成片的空缺。留下来的人们好像也喊累了，会场渐渐安静下来。

大概在老人敲到 40 分钟的时候，坐在前面的一个女人突然尖叫一声："球动了！"会场刹那间鸦雀无声，人们聚精会神地看着那个铁球。那铁球确实以很小的幅度动了起来，但不仔细看很难察觉。老人仍旧一小锤一小锤地敲着，吊球在老人一锤一锤的敲打中越荡越高，它拉动着那个铁架子"哐哐"作响，巨大的威力强烈地震撼着在场的每一个人。终于，场上爆发出热烈的掌声。

老人只说了一句话：在成功的道路上，如果你没有耐心去等待成功的到来，那么你只好用一生的耐心去面对失败。

成功的道路需要坚持，孩子要想迈向成功同样需要坚持。记得让·拉封丹有个寓言故事叫做《狮子与老鼠》，讲的是狮子陷入猎人的网中，它愤怒地大叫，拼力抓挠、撕咬，可是都无济于事。尽管它力大无穷，可是却奈何不了这张网。最终，一只老鼠宽恕了狮子以前对它的追捕，耐心地啃破了网，这才帮它找回了自由。当孩子刚开始跃跃欲试，干劲十足，可热情一过，就兴趣全无时，爸爸妈妈就要出招了。

### 亲子兵法

当孩子玩积木玩不到几分钟，又要去玩电子游戏时，不妨给孩子一些建议，比如要搭好一座桥、一所小房子，一道城墙后才可以玩电子游戏；当拿出蜡笔连一朵小花还没画好，就扔下笔缠着妈妈讲故事时，不妨跟孩子说，小花还少两个花瓣，……这样慢慢引导孩子完整地做好一件事，这样成就感就会慢慢填满孩子小小的心里，孩子看到了自己的成果，慢慢地做事就会有始有终了。

☞小编赠语

有时，成功与块头大小、贫穷富有都没关系，只要等待就能获得成功。孩子缺乏耐心时，家长不要迁就，这对将来很不利，要让孩子懂得耐心等待的价值，培养孩子的耐心。

## 第六章　父母的压力让孩子不堪重负

爸爸妈妈总觉得，孩子的成绩越好，就会越出色。于是自动把分数作为衡量孩子优秀与否的标准，拼命督促孩子学习。孩子成绩不好的原因有很多，在家长的巨大压力下孩子是怎么想的呢？

# 1. 还有比分数更重要的

大多数家长都对孩子的成绩非常敏感，有个妈妈说，等待孩子第一份成绩单时的焦急心情比自己考试还要紧张。

孩子是家长的希望，父母们都希望自己的孩子将来有出息，所以家长们拼命逼着孩子学习，成绩不好轻则受到责骂，重则暴打一顿。有位专家说，什么是"优秀"，什么是"出色"？由于习惯认识的偏差，孩子的成绩被过分看重，而品质、性格、生理、心理等综合素质却被疏忽，希望家长们警觉起来。

### 故事坊

一

有个不到十五岁的初中女生，家长非常看重她的考试成绩。一次，因为期终考试考得不太好，为了躲避爸爸的毒打，竟离家出走整整一年。孩子离家出走以后，父母才后悔莫及。

还有一个初中女生，也是 15 岁的样子，她是连续三年的三好学生，可是某天却突然自杀了。你道是什么重大问题让孩子自杀的？仅仅是一份 83 分的试卷！确切点儿说是父母的警告："只要掉下 90 分，干脆别回来！""90 分"就像一个符咒一样，紧紧锤着女孩儿的脖子，让一向开朗活泼的小姑娘变得抑郁、沉默。受到父母的警告，她只想着好好念书，拿好成绩给父母看，这样爸爸妈妈就会很高兴。可 83 分的成绩单，怎么有脸拿回去？这个女孩儿在遗书中写道："女儿去了，到另一个世界去了。你们不用为我伤心。我辜负了你们的期望，是个不争气的孩子，再没脸见到你们……"

二

有一对夫妇，他们学历很高，工作也很好，所以认定自己的孩子所具有的智力和能力应该跟他们是一样的。不过孩子偏偏学习成绩很差，对此，他们觉得那是因为孩子学习不努力。于是，他们就想出来了一个奖励刺激学习的办法，就是如果孩子考试成绩不错的话，可以奖励孩子一双名牌运动鞋。

可是这孩子的智商根本不像父母所想的那样乐观，可想而知，每次都达不到父母的要求，所以名牌运动鞋也始终跟他无缘。但是他就想要名牌运动鞋，于是情急之下就在商场里偷了一双名牌运动鞋……

由于对"优秀"的理解过于狭隘，教育的重点就放在对孩子成绩的过多要求和过高期望上，而分数也成为一些父母评价子女的一个主要标准，甚至是惟一标准。还有的父母对分数的增减特别敏感，看到 90 分、100 分的成绩单，就眉开眼笑，对孩子又是夸奖又是奖励；但如果分数低了，就板起脸，开始一训、二罚、三检查。这还算是轻的，有的父母一看到孩子考得不如自己想象中高，就对孩子非打即骂，逼得孩子离家出走、自杀……

且不说那个偷鞋的孩子最后受到了怎样的处罚，单说孩子的父母，是否能意识到正是自己对孩子成绩的过多要求让孩子去偷的？可能他们还会认为孩子不学好，不知道跟谁学的偷东西。

成绩只是检验孩子学习的一种手段，过于苛求不仅远离了设置考试的初衷，也会对孩子的心理造成不良影响。成才的标准千差万别，成功的道路千千万万，在孩子成长过程中，重要的不是在学校考了多少分，而是在生活的考试中能答对多少题。所以，家长们不要只纠结于孩子考试到底能考多少分，当孩子分数低或者比自己想象中低时，不要只顾生气，要耐心帮孩子找到症结所在，理顺孩子的学习方法，这才是对孩子有效的帮助。

### 小编赠语

家长们不妨多引导孩子发展自己的兴趣爱好，这有利于培养孩子的学习兴趣和学习能力，只有在轻松地环境中，孩子才能形成健康的心理，而学习也就水到渠成了。

## 2. 父母越反对，孩子越去做

孩子的成长离不开朋友，随着孩子的慢慢长大，朋友圈也会不断扩大，不再仅仅是男孩跟男孩一起玩儿，女孩跟女孩一起玩儿，这时，家长们需要引导孩子学会跟异性交往。尽管家长和老师们都会担心早恋问题会影响孩子的学习，可是这是孩子学习交往当中不能回避的问题。

## 故事坊

老王的女儿很漂亮，今年上初二，老王的妻子就特别担心女儿会被带坏了，整天很紧张，女儿一有什么风吹草动的，她就会觉得孩子是不是跟某个男生在交往。有一天，女儿的一位男同学来家里找她。老王的妻子马上进入了战备状态，虽然把男同学让了进屋，可是边说着让两个孩子聊，边拿起擦桌子布开始擦桌子。桌子擦得那个细致啊，像是永远都擦不完一样。女儿虽然嘴上没说什么，可是同学走了以后瞪了妈妈一眼就回房了。

对此，老王的妻子也觉得挺委屈，这不全是为孩子着想吗？又没说什么，只是在旁边待着来着。可是孩子也很聪明，那是在监视，你的一举一动都落在了孩子的眼里。人都有这样的心理，就是监视得越紧，躲避的意识越强，藏得也就越巧。

### 亲子兵法

其实，家长越是这样做，就越麻烦。当孩子把跟异性交朋友的事儿隐藏起来，那就更危险了。与其整天紧张，不如大方接受，当家里来了孩子的异性同学时，家长们要热情地打招呼，并适时送个水果，端个茶水，那么孩子就会非常感激父母，还会美滋滋地想："爸妈真给我面子，他们这么信任我，我也要让他们放心。"

孩子是非常聪明的，父母的眼神能传递给他们很多信息。如果搞得太紧张，孩子可能本来没想男女关系的问题，也会被家长提醒得想到这个问题的。

孩子进入青春期，对性越来越好奇，而且电视上也常常会有一些像接吻、拥抱这样的镜头，有些家长一看到孩子看这个就如临大敌一样，嚷嚷着让孩子闭上眼。可是越是强调，问题也就越是凸显，因为家长的限制反而激起孩子的好奇心，越是不让看的，就越是想知道那是什么。所以性教育在现在是一个急需解决的问题。

一直以来，对处于青春期孩子的性教育都是比较敏感的，但是这个时期的孩子有这样的需求，家长们就要用科学的知识去满足。比如女孩子来初潮，你要告诉她，这说明她是个女人了，应该祝贺她，而且月经并不是让人感到羞辱的事，是正常的生理现象。再比如，男孩子会遗精，那么你要告诉他，这说明他长大了，是个男人了，而且每个男人都会遗精，不用为此担心，也不要害怕父母知道，父母会为你感到高兴。另外还要跟孩子强调：遗精后要及时更换内裤，保持卫生，同时遗精也说明你有使别人受孕的能力，所以，要避免不安全的性行为。剥去了神秘晦涩的面纱，把性作为一种知识传授给孩子，比避而不谈效果要好。

☞小编赠语

围堵洪水会造成决堤，而挖深河道洪水就会乖乖顺流而下，对于孩子的知识性需求，家长们应该尽可能满足，进而正确引导孩子们与异性交朋友。

# 3. 叛逆，孩子对压力的回击

## 故事坊

这是一个迷途少年的自白：

我爸妈对我很好，我想做的事，只要是对的，他们就不会干涉。可是，我的奶奶却不是这样，我上网，她就在旁边絮絮叨叨。有一天，我在跟班里的几个同学聊天，她悄悄进来，不由分说便一把拔掉了电源。不过我用的是手提电脑，上边有电池，所以她还是拿我没办法，就又开始罗嗦。奶奶是长辈，我只能忍着。可是她说，天天玩电脑的人将来肯定没出息。我很生气，对她大吼："你以为你是什么东西，你只不过是个过了时的老家伙！"我使劲把她从房间里推了出去，把房门锁上。只听她在外面破口大骂。

从那件事后，我越来越叛逆，常常半夜不回家，泡网吧，打群架，天天迟到，不写作业，还在学校里成立了个规模不小的团体。我现在只有在打架中获得释放，在别人的哀号中狂笑。

很多时候，我们总是抱怨孩子的叛逆，却从不思考孩子为什么会叛逆。中国自古以来就是长辈说话，晚辈听从，孩子在长辈面前没有发言权，也没有决定权。可是孩子在成长过程中会有自己的看法，需要跟长辈们沟通，看到孩子的叛逆行为而一味地责骂，只会让孩子更加叛逆。

## 亲子兵法

第一招：

耐心了解孩子的想法。父母不妨从旁观者的角度观察孩子叛逆的原因，如果是孩子朋友不好，那么可以禁止孩子再和坏朋友来往，不过有时候孩子叛逆是父母的问题。很多父母总觉得自己对，孩子就应该听父母的，从不以孩子的思维方式想问题，当然也就无法理解孩子的感触。这时家长可以试着以朋友的身份和孩子进行交流，从感情上和事情的因果上与孩子达成一致，做一些适当的让步。

第二招：

尊重孩子的意愿。家长们总觉得孩子什么都不懂，只要听大人的就行了，可是随着孩子渐渐长大，他们有了自己的判断，这个时候，家长不要轻易地对孩子说"不"，不能只是粗暴地让孩子顺从。对于孩子很喜欢做的事，父母也不要滥加命令，因为父母的命令可能会让孩子对本来喜欢的事情产生反感。比如，孩子已经打算看完电视就去学习了，妈妈这时说了一句"还不学外语去"，孩子听了反而不想学了。家长应当相信孩子，尊重孩子，以免让孩子产生对立情绪。

第三招：

尽量满足孩子的合理要求。孩子对很多事情都有好奇心，家长可以适当满足他们。比如，孩子某天想自己洗衣服、修理东西、买件喜欢的东西，只要是合理的，父母都应鼓励。有些家长对孩子不放心，这样的话，可以在一旁指导孩子，做孩子的助手，但是不能替孩子去完成。其实对孩子的约束是必要的，但不能过多，否则会引出孩子的抵触情绪。

第四招：

善于发现孩子的长处。孩子都有虚荣心，肯定和赞美会激发他们向上。

☞ 小编赠语

家长们要从孩子的角度出发想问题，这样才能找到孩子叛逆的根源，之后才能对症下药。赞美在孩子的成长中也不可或缺，得到了肯定，孩子高兴了逆反心理也就会慢慢消除了。

# 4. 孩子自卑的源头

有位哲人说："人生最可怜的性情是自卑，人生最大的破产是绝望。"

一般来说，孩子自卑是因为对自己评价过低，觉得自己什么都不如别人，这样一来就会显得比较孤僻，不愿意跟人来往，做事情的时候也会犹犹豫豫的，在公共场合更是不敢大声说话，非常拘谨，但是自卑心理不是天生的。

## 故事坊

一

丁丁快上初中了，学习一直不太好，考试成绩每次都让爸爸妈妈头疼。一到发成绩单的时候，妈妈就会板着脸说："你要不是我的孩子，我才懒得管你，你爱上哪儿上哪儿，现在我看见别人的孩子都比看见你高兴。"爸爸也会凑过来帮腔："现在把你扔了犯法，早知如此，还不如在你妈肚子里的时候就把你打掉。幸好我只用把你养到18岁就可以和你说拜拜了！"

二

晓凤今年9岁，在上海某小学读书，她是一个自尊心特别强的女孩儿，以至于到了自卑的地步。晓凤长得很清秀，又活泼开朗，非常可爱，但是她却觉得自己的相貌不够出众，认为不会有人喜欢她，就觉得自卑。在班里，晓凤虽然成绩不是名列前茅，不过也是中上等水平，但是她又觉得成绩不算突出，老师会讨厌她，也感到自卑。晓凤身体不太好，所以体育并不是她的强项，但是她仍为自己的体育成绩自卑。夏天来了，班上的女生都穿上了漂亮的衣服，而晓凤因为某天穿得不够好看又感到自卑了。总之，晓凤为一切有理由自卑的事情自卑。本来活泼爱笑的她变得不喜欢说话，不喜欢笑，还逃避妈妈的关心，常常把自己关在房间里，让妈妈非常担心。

第一招：

孩子学习不好，考试成绩不理想，需要的是父母的鼓励和帮助，可得到的却是父母的讽刺、批评，久而久之，孩子就会觉得自己笨，从而产生自卑心理。家长们应该注意这一点，孩子的聪明与否不是由考试成绩决定的，要帮孩子找出学习不好的原因所在，比如帮孩子改错题、分析试卷、总结记忆方法等，都是不错的办法。

第二招：

简单粗暴的棍棒式教育，常常会让孩子陷在低落的情绪中，这就是所谓的"心罚"，这会对孩子造成很大伤害，时间长了，孩子会认为反正自己不行，努力也是白搭，从而变得自暴自弃，不求上进。

第三招：

当父母了解到孩子在某方面自卑或胆怯时，就应该及时采取措施，帮助孩子扫除自卑的阴影，树立信心。一般孩子可能跟妈妈比较亲近，妈妈们可以在陪孩子玩儿或者做功课的时候，不时地称赞一句，孩子会因此而满心喜悦。相对于妈妈的体贴，爸爸们显得比较严肃，发现孩子有自卑心理时，爸爸们也不要闲着，常常跟孩子一起做点什么并适时地鼓励一下，能够大大增强孩子的自信心，效果会非常好。

☞ 小编赠语

自卑并非一朝一夕形成的，克服它也应有一个过程。家长千万不能脾气暴躁，对孩子要有耐心和信心，只要坚持下去，孩子的自卑心理就能克服。

## 第七章 孩子要在体验中成长

玩儿是孩子的天性，不过除了玩儿，孩子还与生俱来有很强烈的好奇心等着家长满足，如果能玩儿出花样，那孩子的天分就能被激发，孩子的成长也将会乐趣无穷。有位教育家说，孩子应该在体验中成长，所以一些基本的劳动、基本的礼仪礼貌也需要让孩子参与进来。

# 1. 活泼好动是孩子的天性

### 故事坊

一

放暑假了，涛涛这回能撒了欢儿地玩儿了。一天，他拿着一块磁铁左吸吸，右吸吸……玩得不亦乐乎。无意间从地上吸起了一根针，涛涛高兴得跳了起来，接着他又吸起来一块小铁片。涛涛玩儿得兴起，干脆把从屋子里搜刮的东西都放在了桌上，这时，他发现了一个奇怪的现象：磁铁把针吸起来，针晃晃悠悠的，像是快要掉下来，而小铁片却牢牢地贴在磁铁上，想拔下来还要费点力呢。涛涛边玩边想："这是怎么回事儿啊？"于是他跑出去找小伙伴阿峰，阿峰拿着磁铁颠来倒去地看，可还是看不出个所以然来。两个小家伙头碰着头，盯着桌上的磁铁，想弄明白到底是怎么回事儿。不过他们还是不明白，晚上爸爸回来了，涛涛缠着爸爸问，爸爸建议他去查一下书，或者去学校问老师。

开学了，涛涛把暑假里发现的问题跟老师说了，老师笑着夸他细心，并跟他一起分析了原因。

二

南南很爱动，就连上楼梯都不老实，别人一级一级走，他偏要蹦着上、跨着上。有时跟妈妈去逛街，路过过街通道，尽管不需要走，可南南也会快步跑下去，并从另一边跑上来，并且会为绕了道还能赶在妈妈前面而乐不可支。妈妈想破头也想不明白，为什么他非要绕道走一圈。原本妈妈怕南南摔跤，可是因为南南平时就爱动，身体很灵巧，所以很少会摔跤。

南南有很多玩具，可他最喜欢的不是玩玩具，而是拆玩具。为此，爷爷奶奶没少说他。可是，爸爸妈妈却从不阻止他，还鼓励他尽管玩儿。爸爸妈妈会让南南选择玩什么，怎么玩，有时还会和南南一起玩儿，一起思考在游戏中碰到的问题，一起想出更多更好的玩法。

其实，南南爱拆玩具的毛病是爸爸引导的，爸爸希望激发他对玩具内部构造的兴趣：玩具为什么能跑啊？它是怎么跑的？小汽车是怎么拐弯的？爸爸常会提出这些问题，而南南就在爸爸的引导下一点一点地弄明白了玩具的原理。之后，爸爸妈妈还会再让南南思考还有没有其他玩法，在一点一滴的琢磨中，南南变得喜欢观察、喜欢思考，而爸爸妈妈也发现，跟南南一起玩儿的时候，常常会对小家伙儿的大胆和聪明自叹不如。

玩是孩子的天性，但是不要让孩子瞎玩，家长应该引导孩子进行探索性玩耍，鼓励孩子玩出新花样，有时候玩得"出格"并不是一件坏事儿，就像涛涛玩磁铁，那些被吸上来的针和铁片也许是小家伙拆了什么玩具弄出来的，虽然损失了一个玩具，可是却培养了孩子探索的兴趣。

**亲子兵法**

鼓励孩子玩出新花样，就是在鼓励孩子在玩法上创新，玩法创新了，玩得才有新鲜感，才会更开心。不过，在鼓励孩子大胆在玩耍中探索时，父母也要纠正几种不正确的做法。

首先是冒险性活动不允许孩子玩；其次是怕脏不允许孩子玩；再次是怕损坏玩具不允许孩子玩。虽然注意安全，讲卫生，还有爱惜东西都是对的，但是这会阻碍孩子探索性趣的培养，家长们要把握一个度。

☞**小编赠语**

孩子不仅要玩，还要玩得花样百出，因为这样玩不但可以增加智慧，还可以直接培养孩子的动手能力及开朗活泼的性格，使孩子成为一个善于思考、勇于创新的人。

# 2. 呵护孩子的好奇心

有位教育家说过，孩子最大的问题就是不问问题。好奇心是孩子与生俱来的学习本能，小孩子会整天缠着大人问这问那，有的还会刨根问底，直到问得大人无言以对，窘迫异常。这时候，孩子招来的往往是一脸没好气，"去去，一边玩儿去!"其实，这正是孩子拥有丰富的想象力、好奇心和求知欲的体现，如果好奇心被粗暴地扼杀了，孩子整天像闷葫芦一样，也就不会对什么有兴趣了。如果父母能满足孩子的好奇心，也是帮助孩子增长知识的一种良机。

## 故事坊

约翰 6 岁时，生病住进了医院。有一天，妈妈带着约翰的叔叔来看他。约翰的叔叔是个探险家，到过很多地方，其中非洲和印度是他最喜欢的。为了给约翰一个惊喜，叔叔给他带了小礼物。说话间，叔叔从包里掏出一个圆圆的、像钟一样的东西。小约翰吃惊地说："这个钟怎么只有一根针呢？"叔叔笑了笑，说："这可不是钟，是罗盘，又叫指南针。""这就是罗盘啊？我听妈妈说过，怎么这针只指一个方向啊？"

于是，叔叔给他讲了地球的磁场与地理方向的知识。"我们屋子里也有磁力吗？""磁力是怎么产生的？""空间又是什么？"一连串的问题像珠子一样从约翰嘴里蹦出来，叔叔被问得直冒汗。很快，叔叔就回答不出约翰的问题了，约翰很失望，只好自己摆弄那个罗盘。

妈妈把这一切都看在了眼里，好奇心是最好的老师，于是妈妈趁着叔叔在这儿度假的时间，给约翰准备了很多物理学方面的书，约翰也一点一滴地弄明白了那些问题。很快，约翰就掌握了罗盘的原理，还知道了很多相对他年龄来说还很高深的物理学知识。后来，约翰在以后的数学与物理学方面的领悟能力，总是比同龄孩子高出许多。

面对孩子的好奇，父母对孩子的慈爱是第一位的，只有这样才能让孩子感受到父母的认同，从而能继续无忧无虑地好奇下去，为进一步激发兴趣做好准备。

## 亲子兵法

孩子常常问一些奇怪的问题，像中东是不是属于中国的，是不是在东方；为什么冬天要给大杨树穿"白裙子"；夏天怎么看不见雪；

马路上怎么会有斑马线；把新闻联播的"据悉"误听成"巨蜥"后，问父母每次看新闻怎么都看不见蜥蜴呢，等等。

父母不仅要尊重孩子的"追问"，还要激发、引导孩子的好奇心，以此来驱动孩子的求知欲。比如，月光皎洁的晚上带孩子出去散步，看见月亮，你便问孩子："你说为什么我们走，天上的月亮也跟着我们走啊？"如果孩子开始不知道，当他注意到这个现象时，他一定会惊奇。此时，再引导孩子去搜索答案或者告诉孩子一些原理，那么孩子的知识就能记得很牢固了。最重要的是当孩子问一些幼稚的问题时，要尊重孩子的话语权，千万不可用讥笑或者无所谓的态度打压孩子的本能，使他们把问题都"烂在肚子里"，这对孩子主动学习的精神是不利的。

好奇心是孩子智慧的嫩芽，提问则是孩子求知欲强烈的体现。对孩子的问题，家长有时会很恼火，要么置之不理，要么默不做声，要么哄哄孩子敷衍了事，被惹急了的父母甚至会甩手打孩子两巴掌。孩子的好奇心需要家长的呵护，尽管他们的问题看起来很可笑，但还是要认真解答。

**☞小编赠语**

> 不要认为"好问"是教育中的小事，这些小事可以决定孩子学习的优劣，决定孩子是否善于独立思考。

# 3. 思维决定行动

霍姆林斯基说："为了使孩子的头脑不至变成知识的贮藏宝库和真理、规则、公式的堆积站，就一定要教给他思考。而在教孩子思考的时候，应力求避免那种单一的思考方式，启发孩子从多个角度去思考问题，引导孩子从多个方面看待事物和分析事物，培养孩子的发散思维能力。"

## 故事坊

小坡上二年级了，是个很乖的孩子。一天，他爬在桌上做数学题，爸爸走过来，在草稿纸上写了一个算式：$4+5-1=?$ 之后问小坡："这个算式怎么算？" 小坡想了一下，说："$4+5=9$，$9-1=8$。" 爸爸听了问："为什么要先算 $4+5$，再算 $9-1$ 呢？" 小坡想都没想就说："老师都是这么教的。"

小坡说的是实话，老师确实是这样教的。不过爸爸说："那我们来计算一下 $27+38-46=?$ 和 $257+368-476=?$" 小坡皱着眉头在纸上画了半天，很费力的样子。爸爸摸了摸小坡的头："按照老师教的方法思考，我们往往会先做加法，再做减法，可是这样一来，不仅计算难度很大，而且还容易算错。这就需要我们想出其他的计算方法。"

在爸爸的引导下，小坡改变了思维方式，他把 $27+38-46$ 变成 $47+18-46$ 再变成 $1+18=19$。同样，$8÷3×6$ 这道题，小坡原来得出的结果是小数，用计算器算出来的也是小数。麻烦而且还不正确，在爸爸的引导下，他很轻松就算出了结果：$8÷3×6=8×2=16$。

爸爸告诉他，用一种方法比快速、比熟练，就是在比傻、比笨。比如 $78+65-59=?$ 这道题，这就像 78 和 65 是两位领导，59 是问题，其实没有必要把两位领导同时派去解决这个问题，既浪费资源，又浪费时间。其实，派一位领导去解决问题就足够了。这些启发，让小坡看到了发散思维的妙用。

人的思维会影响行动，一个爱钻牛角尖的人，行事不免偏激，启发孩子多角度思考问题，能够培养孩子摆脱传统、死板的学习方法的束缚，有助于提高孩子的学习效率，培养创造能力，提高孩子解决问题的能力，避

71

免孩子养成"一根筋""爱钻牛角尖"的习惯，进而形成偏激的性格。

### 亲子兵法

在辅导孩子做作业时，爸爸妈妈们不要只关心孩子最后做出的结果是不是正确，还要注意孩子的解题思路，如果孩子的思路比较单一，不妨引导孩子想想其他的方法。不仅是做作业，在做其他事情的时候，爸爸妈妈们也应该让孩子多想几种解决方法，列出多个方案。只要父母能够耐心引导，孩子就能变得越来越优秀。

### ☞小编赠语

多角度思考问题，实际上就是进行发散性思维的训练。其实，生活中的任何一个事物，都可以作为启发孩子多角度思维的内容。

# 4. 训练孩子的想象力

跟好奇心一样，想象力也是孩子与生俱来的，爱因斯坦说："想象力比知识更重要。"想象是创造之母，知识是有限的，可是想象涵盖了世界。

### 故事坊

在一个月色皎洁的晚上，月光静静地流泻在一家小院。一位妈妈正在拖地，才几岁的小儿子自己在洒满月光的后院玩。小家伙一会儿蹦到这儿，一会儿跳到那儿，妈妈听着他欢快的声音，脸上禁不住露出了笑意。过了一会儿，妈妈听到儿子不断往高处跳的声音，感到很奇怪，便大声问他在干什么。儿子回答："妈妈，我想要跳到月亮上去！"

这位妈妈没有责怪儿子顽皮，也没有责怪儿子不好好学习，而是笑着说："好啊！不过一定要记得回来啊！"

很多年过去了，小男孩儿长成了小伙子，后来还真的"跳"到月球上去了，他就是人类历史上第一个登上月球的人——美国宇航员尼尔·阿姆斯特朗。在1969年7月16日，他登上了月球。

没有想象能力就没有创新能力。因此，家长应有意识地训练孩子的想象力，开发孩子的思维能力，使孩子成为一个具有创造能力的人。

## 亲子兵法

有位幼儿园老师，某天画了一只流泪的鸭子，她把画挂在黑板上，让孩子们以鸭子为主题画一幅画。有的孩子画了一只被关在笼子里的鸭子，它望着天上的一群大雁默默地流泪；有的孩子画的是，一个戴面具的人用枪对准一只流泪的小鸭子；有的孩子画的是，一只鸭子从被污染的水里叼起一条鱼，而小鱼只剩下骨头架子，小鸭子伤心地哭了……孩子的想象力在一幅幅画上充分展现出来。画画可以给孩子一个空间，让他海阔天空地去想象，去表现自己想到的内容。家长不妨用画画来培养孩子的想象力，让孩子自由自在地画出他想的东西。

小孩子刚开始学画时，一般都不太敢画。画的线条都很轻很轻、弯弯曲曲，但是这并不妨碍孩子的想象，所以，家长不要批评孩子画得不好，要鼓励孩子大胆地、尽量大地画，最好每次都把纸画满。

对于一个充满想象力的孩子，父母要做的只有一件事，那就是鼓励他，不管他的言行是多么新奇、古怪，父母都不要批评或打击，更不要用"完美"二字去要求孩子。

另外，问题是思维的起点，除了引导孩子画画，家长们还可以有意识地向孩子提问，引导孩子去思考，这样，孩子的想象能力和思维能力也会被调动起来，不断引导孩子去思考，孩子的想象能力就能得到很好的训练。

☞ 小编赠语

　　年龄越小的孩子，想象力越丰富。所以，家长们不要错过培养孩子想象力的时机，只要用心于生活中的一些细节，想象力会为孩子的思维插上翅膀。

# 5. 让孩子体验劳动

高尔基曾说："我们世界上最美好的东西，都是由劳动、由人的聪明的双手创造出来的。"俄国教育家乌申斯基也说："教育不但应当培养学生对劳动的尊敬和热爱，它还必须培养学生劳动的习惯。"家长对孩子进行劳动教育，让孩子认识到劳动的重要性和劳动的重要价值，给孩子提供劳动的机会，会对孩子以后的健康成长起到积极的作用。

有个小学要进行全校大扫除，可是到学校大扫除的有些竟然是孩子的爷爷、奶奶，而那些孩子则站在一旁指挥。

我不禁感叹："你们是想要培养出龙男凤女，还是想为自己的将来培养一位小祖宗？"

父母们都很疼爱孩子，要么怕孩子会在做事的时候受伤，要么觉得这点小事自己来就行，从而忽视了对孩子的劳动教育，逐渐让孩子养成了好逸恶劳的坏习惯，甚至很多孩子连生活都难以自理，所以不仅要让孩子养成热爱劳动的好习惯，家长们也要转变思想，逐渐培养孩子热爱劳动的品质。

有些家长也会对孩子什么事都不会做感到头疼，可是看着孩子笨手笨脚地做事，家长就在心里感叹："还是自己来吧！"其实，不要小瞧孩子的一些也许是帮倒忙的劳动，这在他们看来，可是一件很伟大的事，因为这是他们用自己的双手亲自做的，而这时也正是培养孩子热爱劳动的最好时机。

## 故事坊

有个小男孩，还不到三岁，在妈妈下班回家时，他双手吃力地拿着一个小凳子将妈妈堵在门口，唱道："小小板凳真听话，和我一起等妈妈。妈妈下班回到家，我请妈妈快坐下。"然后非要妈妈坐在他的小凳子上休息一会儿。妈妈看着儿子的可爱贴心，开心地在小家伙脸上亲了又亲，还不停地称赞儿子"长大了""懂事了"，让小家伙儿乐到不行。

小男孩儿的举动可能让你觉得既好笑又感动，也会让每一位妈妈都忍不住要亲亲可爱的宝贝，以此来感谢孩子幼稚的"劳动"。这个小男孩的"劳动"也许有点游戏的成分，但是就是这样一个简简单单的所谓劳动，如果父母抓住这个时机，让孩子懂得劳动对一个人的意义，培养孩子热爱劳动的品质，那么这位母亲就真是有远见了。

### 亲子兵法

父母应该根据孩子的年龄，从最简单的、孩子力所能及的、自我服务的小事开始，让孩子学会穿衣服、系鞋带、洗手洗脸洗脚、洗手绢袜子、叠被褥、扫地、擦桌子、到离家近的小店买酱油醋、整理自己的玩具和小床、整理自己的房间等。等孩子稍大一点的时候，就可以教孩子试着洗自己或父母的小件衣物、帮忙收拾屋子、倒垃圾、钉纽扣、捡菜、洗菜，还要鼓励孩子多参加幼儿园或学校的集体劳动，这样孩子才会懂得劳动的意义。

### ☞ 小编寄语

父母不要觉得，生活琐事对孩子来说无关紧要。劳动能使孩子亲身体会到劳动的艰辛，知道东西来之不易，了解父母的辛苦，懂得生活的艰辛，从而懂得珍惜。劳动还能培养孩子的自立能力，减少他们的依赖心理，让他们在以后的生活中能经得起风雨。

# 6. 让孩子懂得分享

## 故事坊

一

妞妞6岁了，在家里爸爸妈妈都把她当宝贝，从来都是说一不二，本来妈妈觉得孩子在家任性一点没事儿，在外人面前应该还是会懂事儿的。可是最近妈妈发现，跟其他小朋友在一块儿时，妞妞还是以"自我为中心"。

舅舅家的小孩儿过生日，妈妈给她买了件新衣服，妞妞就会在一边嘀咕："妈妈不疼我，只给妹妹买衣服。"

一天，邻居带着孩子来家里串门，妈妈把妞妞的玩具拿给小客人玩时，妞妞也板着脸，那点高兴劲儿全没了……

爸爸妈妈觉得这样下去不行，于是商量着让妞妞摆脱"小气"，懂得给予。

暑假时，全家人去连云港玩，妞妞玩得可开心了。回来时带了5条贝壳手链，爸爸提议送一条给楼上的明明，妞妞噘着小嘴一脸不愿意。爸爸抱起妞妞说："爸爸不是买了5条吗？明明是你的好朋友，你们不是经常在一起做游戏吗？有好东西的时候要大家一起玩。"

听了爸爸的话，妞妞拿着手链去了楼上。妞妞敲开明明家的门把手链送给明明时，明明妈妈一把把妞妞搂在了怀里，不停地夸奖她。明明也很激动，送给妞妞两张彩纸作为回赠。妞妞高兴地跑回家，还没进门就嚷嚷："爸爸，我要送一条项链给舅舅家的小妹妹，送一条给大伯家的姐姐……"

二

小莫在幼儿园上大班了，有几个玩儿得很好的小伙伴。有一天，几个小伙伴来家里玩儿，由于天气很热，小莫妈妈就给孩子们拿出来半个西瓜。小莫看到了立马把西瓜抱在手里，然后用勺子舀着吃。妈妈告诉小莫："儿子，你不是跟小伙伴儿们每天一起玩儿吗？应该让大家都尝尝西瓜。"小莫听了点点头，用勺子舀了一块西瓜让一个小伙伴尝了尝。妈妈又说："这样只有一个小伙伴吃到了，其他小伙伴怎么办呢？我们把西瓜切成小块，然后每人吃一块，怎么样？"小莫答应了。

于是，几个小朋友一起开心地吃起了西瓜，他们纷纷开心地谢谢小莫。妈妈趁机夸奖小莫说："你和小伙伴一起分享西瓜，看他们多开心呀，你是不是也很开心呢？"小莫连连点头，还说以后有好吃的还会和小朋友们分享。

**亲子兵法**

父母讲再多给予和分享的道理，也比不上让孩子自己去感受快乐来得有效。当孩子把自己的玩具、好吃的分给小朋友时，可以从对方的脸上感到快乐和谢意。人都说："赠人玫瑰手留余香。"给予永远是快乐的，这种快乐源于接受者的一个微笑、一次拥抱、一声谢谢或者一句祝福。让孩子在对他人的给予中体验快乐，学会分享，学会关爱，孩子才能形成慷慨大方的性格。

孩子在成长过程中，因为有了伙伴的陪伴而变得多彩。父母可以告诉孩子："如果没有伙伴的陪伴，你将变得孤独寂寞，失去很多快乐。因此，你是不是要感谢伙伴们呢？"接着再引导孩子："感谢伙伴们的方式有哪些呢？"这样就很自然地让孩子学会分享了。

### 小编赠语

　　经过父母的教育，很多孩子确实变得大方了许多，甚至出手阔绰，父母又不由得担心起来：孩子不知道爱惜东西，动不动就送人，似乎超出了正常情况下的分享界限。

　　专家表示，遇到这种情况父母可以适当提醒孩子，如果出手太阔绰就是不懂得珍惜了。告诉孩子，给予不仅仅表现在物质上，也可以表现在语言上，例如几句赞赏他人的话，同样能够赢得他人的好感，体验到快乐。

# 7. 懂得谦让的孩子惹人爱

我们常常看到这样的情况：孩子自己霸着好东西，而不考虑长辈的需要；幼儿园里，孩子们抢一个玩具而各不相让。不懂得谦让几乎已经成为现在孩子的通病。

有些家长心酸地说："送孩子去上大学，孩子空着手坐着，也不知道让父母坐下来休息。"可是，孩子如此不懂事到底是谁造成的呢？我们能把问题全归咎到孩子的身上吗？孩子性格的形成，与家长的教育是分不开的。长辈们的过度溺爱、竞争意识的过度灌输，还有忽略品德的引导，都是造成孩子不懂得谦让的原因。

不过教育孩子要谦让，家长们也要做到"言必信，行必果"。


## 故事坊

妈妈希望让苗苗学会谦让，所以吃过晚饭后端上来一盘梨，梨有大有小，她希望苗苗能效仿孔融，把大的梨让给长辈吃。苗苗也很训练有素，小手捧着最大的梨让给爷爷奶奶。两个老人乐得合不拢嘴，一边称赞苗苗懂事，一边抱起苗苗甜甜地亲了一下。不过最后还是把大梨给了苗苗，苗苗就开心地一蹦一跳地回自己房间玩儿玩具。

有一天，姑妈家的妹妹来苗苗家做客，妈妈拿了一盘又红又香的苹果，让苗苗送一个给妹妹吃，苗苗挑了一个最大的，乖巧地对妹妹说："妹妹，请你吃苹果。"妹妹甜甜地说了谢谢就接过了苹果，还清脆地咬了一大口。苗苗一看见这架势，哇地一声哭了。妈妈慌忙又哄又劝，好容易才让苗苗止住了哭。妈妈觉得很困惑，平时好好的啊，怎么会这样了呢？


其实妈妈忽略了一点，苗苗平时的谦让只是做做样子，最后好的东西还是会回到苗苗手上，所以平时的谦让苗苗并不感到不愿意，而现在妹妹竟然真的吃了苹果，这完全不是平时的状况，苗苗当然就不高兴了。所以，在教孩子学会谦让，不妨"言必信，行必果"，吃掉大梨，让他们理解谦让可以赢得别人的认可和赞扬，而不是既得到赞扬又照样享用谦让的物质本身。

## 亲子兵法

在家里时，家长要让孩子意识到大人也喜欢吃好吃的，好东西不是谁一个人的，要跟别人一起分享。看电视时，孩子喜欢自己霸着电视，家长不要一味地迁就孩子，可以和孩子轮流看自己想看的节目。让孩子在满足自己需要的同时，意识到其他人的存在，是培养孩子谦让品质的关键环节。

模仿是孩子的天性，家长应该在潜移默化中影响孩子。比如带孩子坐公交时，看见老人和抱小孩的妇女，便主动起身让座。生活中的小事虽小，却能在孩子心里生根发芽。

谦让是一种美德，但一味谦让，只会造成孩子心理上的不平衡感。所以，培养孩子"谦让"的品质，还应该让孩子懂得"谦让"的尺度，做到"让"且有"度"。

## 小编赠语

家长们还需要让孩子明白，谦让不是妥协，不是毫无原则，也不是主动放弃、不思进取。学会谦让，还要学会竞争。

# 第二部分　给孩子什么样的未来

　　孩子要健康长大，并在社会上立足，就要为将来做充分的准备。孩子的未来会怎样？孩子的梦想是什么？

## 第一章　让孩子为将来做准备

要想将来成为出类拔萃的人，并且事业成功，那么从小就要打下扎实的基础，这将是孩子一生享用不尽的。

# 1. 百善孝为先

### 故事坊

丹尼5岁了，他跟同龄的孩子一样，喜欢吃汉堡、喝碳酸饮料，喜欢各种新奇的玩具。丹尼每天都无忧无虑的，妈妈只把他当成一个除了吃喝玩闹，什么都不会的小孩。不过，一次意外让她彻底改变了这种看法。

有一年，丹尼跟妈妈搬到了另一个城市。于是，丹尼也进了一所新的幼儿园。入学一个半月后，幼儿园要开家长会，丹尼妈妈也被邀请了。在去幼儿园的路上，妈妈开玩笑地对他说："怎么办啊？妈妈还没有完全适应这个城市，在你们幼儿园，妈妈更是谁都不认识，到时候你可要帮妈妈啊。"

没想到丹尼一本正经地说："没问题妈妈。我认识所有的老师和小朋友，甚至小朋友的爸爸妈妈。"

妈妈看见儿子认真的样子觉得有趣而难以置信，不过她也只是笑了笑，没有放在心上。

到了幼儿园，丹尼陪妈妈到了会议室，严肃地把妈妈介绍给校长和老师们，然后又向妈妈介绍了幼儿园的每一个小朋友，以及谁是他们的爸爸或妈妈。

做完介绍后，丹尼带着妈妈走到一个沙发前，并给她端了一杯果汁，说："妈妈，你先在这儿坐会儿，别到处乱走，我去厕所一下，一会儿就回来。"

妈妈点点头，欣喜地看着那个转身走开，仿佛突然间长大的单薄背影，她明白了在孩子面前偶尔扮演弱者的角色，实际上是对孩子责任心与爱心最好的鼓励与赞美。

### 亲子兵法

妈妈的一个小玩笑，让她看到了孩子懂事、负责任的一面。孩子对父母的孝顺，成为磨练他们责任心、自立能力，还有意志力的有力方式。父母们都希望得到孩子的关爱，那么就准备放手让孩子自己承担一些事情吧，装一下弱势，孩子的脊背就能更坚硬一些，少了爸爸妈妈的包办，孩子的思维将会更成熟一些。

### 小编悟语

爸爸妈妈们不要觉得孩子真的什么都做不了，在他们小小的身体里蕴藏着强大的力量，不妨柔弱一次，让孩子展现一下他们的能力，让你重新认识一下孩子，也让孩子重新认识一下自己。

第二部分　给孩子什么样的未来

# 2. 尊重他人是一笔财富

## 故事坊

**一**

某天，一个女人带着一个小男孩，走进位于美国纽约曼哈顿的著名企业"巨象集团"总部大厦楼下的花园。他们在一张长椅上坐下，这位妈妈很生气地教训着小男孩。离他们不远，一位头发花白的老人正修剪着花园里的灌木，那些修剪过的灌木丛整齐又漂亮。

只见这位妈妈从挎包里揪出一团卫生纸，随手扔进了刚修剪过的灌木丛。修剪灌木的老人看见了，转过脸诧异地看着她，而她也满不在乎地看着老人。老人没说什么，走过去捡起那团纸扔进了垃圾桶，然后继续忙活。

过了一会儿，这位妈妈居然又扯了一团卫生纸，扔到了灌木上。小男孩惊讶地问："妈妈，你要干什么？"女人朝他摆摆手，示意他不要说话。老人还是没说话，捡起那团纸，扔进了垃圾桶，然后又继续工作。可是，老人刚拿起剪刀，这个妈妈又扔了一团纸……就这样反复了六七次，老人每次都默默地捡起来扔进垃圾桶，丝毫没有表现出厌恶和鄙视。

这个妈妈指着老人对儿子说："如果你现在不努力学习，将来会跟这个老园丁一样没出息。只能做这些低贱的工作！"原来，她扔了那么多纸，是把老人当做活教材来教育儿子。老人听见了这个妈妈的话，停下手里的活儿，走过来说："夫人，这里是巨象集团的私家花园，按照规定只有集团员工才能进来。"

这个妈妈傲慢地掏出一张证件，冲老人扬了扬，说："我是巨象集

84

团所属公司的部门经理，就在大厦里工作。"

老人停了一会儿说："我能借你的手机用一下吗？"

这个妈妈不情愿地把手机递给老人，老人拨通之后，简短地说了几句话后就把手机还给了她。她收起手机，又对儿子说："你看这些穷人，这么大年纪了连个手机也买不起。你一定要努力学习啊。"

这时候，巨象集团人力资源总监匆忙朝这边走过来，她笑着准备打招呼，没想到总监却径直走到了那位老人面前，毕恭毕敬地站好。老人指着这位妈妈说："我提议免去这位女士在巨象集团的职务！""好的，总裁先生，我立刻按照您的指示去办。"

接着，老人走到小男孩面前，摸着小男孩的头，意味深长地说："孩子，我希望你明白，虽然你要学的东西很多，但你必须学会尊重每一个人。等你真正理解并学会怎样尊重别人的时候，你带着你的母亲再来找我。"

说完，老人又拿起剪刀，继续去修剪灌木了。

二

小高是一个高级工程师，她住的小区里有个收废品的外地人，每次见到他，小高都会笑着跟他打招呼。外地人有些受宠若惊，因为这里住的都是精英，很多人对他都视而不见，小高是唯一一个主动跟他打招呼的人。

小高的儿子问她："妈妈，为什么其他人都不理这位叔叔啊？"小高说："因为有些人觉得自己比他高贵。"孩子问："那妈妈不认为自己比叔叔高贵吗？"妈妈说："是啊，我们是平等的。叔叔收废品是在工作，妈妈做工程师也是在工作，我们都是工作者，所以我们是平等的。"妈妈接着说："我们的条件比别人好时，要尊重别人，不能瞧不起他们；当我们的条件比别人差时，我们要尊重自己，不能自己瞧不起自己。你明白吗？"孩子点点头。

**亲子兵法**

每个人都有自尊，无论是孩子还是成人都竭力想要维护自己的自尊，然而别人的自尊却往往容易被我们忽视。有人说："骂别人就是借别人的口骂自己，打别人就是借别人的手打自己。"换而言之，鄙视别人就是通过别人来鄙视自己，尊重别人也就是尊重自己。一个人无论从事的是什么职业，无论他收入如何，无论他身体状况如何，他都希望得到别人的尊重。如果父母或者亲朋好友中有人不尊重那些身份、地位、条件比自己差的人，那么孩子看得多了，也会学会不尊重他人。

☞**小编赠语**

尊重是一种修养，一个人在对待他人时，无论对方是谁，都应该给予尊重，那么他无疑是有修养的。

# 3. 礼貌， 是孩子的必修课

礼貌是对人的一种尊重，是接人待物最基本的礼仪，让孩子从小就懂礼貌，对孩子将来处理人际关系非常重要，礼貌是孩子的必修课，家长们千万不要忽视了。

**故事坊**

涛涛是家里的宝贝，不仅爸爸妈妈呵护备至，爷爷奶奶待他更是如珠如宝，甚至家里来了客人，客人都要对这个小家伙"礼让"三分。

一天，小月姑姑来家里玩儿，涛涛见姑姑进门连招呼都不打，仍旧自顾自地在沙发上玩儿自己的飞机模型。姑姑见了也没生气，一边跟涛涛的爸爸妈妈打招呼一边走到涛涛跟前，说："涛涛，你在玩儿什么啊？姑姑来了也不理姑姑啊？"涛涛抬了抬眼，还是没做声。爸爸见了，说："涛涛，快跟姑姑打招呼啊。""姑姑好！"涛涛这才不情不愿地打了个招呼。姑姑没跟小家伙计较，笑着拍拍他就去找涛涛妈妈说话了。

对此，涛涛的爸爸妈妈也很苦恼，他们本来觉得，对孩子不应该从小就用各种规矩来约束，可是现在涛涛竟然连起码的礼貌也不知道，这让他们不知道自己到底是对还是错。

## 亲子兵法

当家里要接待客人时，在客人还没到之前，家长不妨告诉孩子见了客人应面带微笑，要站起来主动向客人问好。有客人到家里做客，免不了会问孩子一些问题，对此，叮嘱孩子要认真回答。还要告诉孩子，客人到来之后，要像个主人的样子，为客人端茶送水，送上点心或者水果，不要随便吵闹，或者打断人的谈话，也不要向客人要礼物，更不要对客人评头论足。在客人临走时，也要让孩子送到门口，跟客人道别。

去别人家作客的时候，也要教孩子懂礼貌。家长可以在路上跟孩子讲一些要注意的问题，比如告诉孩子要去哪里，到时要怎样称呼主人，进门要先问好，如果赶上节日还要向主人说一些简单的祝词。当主人端上糖果、糕点和茶水时，要向主人道谢。另外，还要告诉孩子，不能乱动别人的东西。在餐桌上，孩子也不能失了礼貌，比如夹菜、舀汤时动作要轻，不要光夹自己爱吃的菜，也不要对菜的味道评头论足。等到要走了，也要记得跟主人道别。这些叮嘱也许你前边刚教过，孩子转头就忘了，不过在去做客的路上跟孩子聊天似的说几句，效果会比较好。

孩子是看着父母的背影长大的，所以父母的言行举止对孩子影响非常大，如果家长自己都不太讲礼貌，可想而知孩子的言行会如何。

当然，很多父母举止很得体，可孩子却没礼貌，这种情况也是非常常见的。所以，父母在自己做好的同时，也要让孩子多跟着参加一些大人的聚会，让孩子在生活中不断锻炼，同时还要肯定孩子的礼貌行为，这样可以让孩子体验到礼貌行为带来的愉悦，从而逐渐养成良好的习惯。

☞ 小编赠语

> 父母千万不要当着客人的面责怪孩子，这既让客人觉得难堪，又会让孩子恼怒，也不要在客人面前将自己的孩子跟别人的孩子作比较，这样会伤害孩子的自尊心和自信心。

# 4. 朋友，为孩子的未来添彩

诗人汪国真曾说："一个永远不欣赏别人的人，也就是一个永远也不被别人欣赏的人。"美国哈佛大学就业指导小组，曾对数千名被解雇的男女进行过综合调查，他们发现人际关系不好的比不称职的人高出两倍多。不和谐的人际关系，对人的发展非常不利。

孩子是属于社会的，所以他的交往圈子也不应该仅仅只有家庭而已。很多家长都不愿意孩子总是出去跟其他小朋友玩，觉得这样会耽误孩子的功课，其实不然。著名教育家陶行知先生就说："集体生活是儿童之自我向社会化道路发展的重要推动力，为儿童心理正常发展的必需。一个不能获得这种正常发展的儿童，可能终其身只是一个悲剧。"

因此，父母能否正确引导孩子建立起健康的人际交往圈子，锻炼出色的人际交往能力，对孩子的成长成才非常重要。

## 故事坊

现在，很多家庭只有一个孩子，孩子生活在父母呵护下的"三人世界"中，而平常生活又是学校——家庭两点一线，与外界接触过少直接导致了他们内心孤独，心理封闭，成为"自己跟自己玩"的一代。有人说，这是一种"蛋壳化"人格，因为他们封闭孤独、心理脆弱、生活依赖。未来的路会怎么走，很大程度上受到性格的影响，而这种"蛋壳化"的人格就是阻碍孩子与外界交流沟通的屏障。要打破这层"蛋壳"，恰当地引导孩子交朋友，参与社会交往是一个不错的方法。

跟孩子小时候不同，进入青春期的孩子，开始有各种各样的感情需求，他们开始有属于自己的快乐、幸福、困惑和烦恼，家庭已满足不了孩子的需求，这时，家长们可以鼓励孩子多跟同龄的孩子交往，甚至可以建议孩子组织一些小聚会，或参加一些小聚会，比如野餐、打球、唱歌等，这样既可以满足孩子的心理需求，还可以让孩子在人际交往中经受磨练。

### 亲子兵法

有些孩子性格内向，需要父母引导他逐渐变得开朗。一般来说，家长的态度是忽视，这会让孩子变得冷酷、自私、自闭。所以家长在教育孩子时，要采取爱护的、合理的、民主的态度，这样孩子才能养成直爽、友好、协作、深思熟虑、情绪稳定等个性特征。这对于孩子能顺畅交往，建立良好的人际关系非常有利。

在孩子成长过程中，交往的圈子会不断扩大，家长们应该给孩子提供交往的空间，比如周末让孩子的同学来一起聚餐等。不过，家长要切记，招待孩子的朋友要热情，不要让孩子在朋友面前难堪，否则孩子在朋友面前抬不起头，甚至还会导致孩子在朋友圈中被嫌弃孤立，孩子也会因此而变得沮丧、自卑。

### 小编赠语

为了让孩子了解和接触更大范围和更高层次的社交活动实践，家长可以有目的、有选择地让孩子参加家长与亲戚朋友间的迎、送、宴、请等社交活动，以及成人的社团活动，开阔孩子的视野，提高人际交往水平。

# 5. 大胆尝试，学会勇敢

勇敢是每个孩子必须具有的品质，只有有胆量尝试，不怕艰险的人，才会在将来站在人生的顶峰。

### 故事坊

小庄两三岁的时候，总是对外面的事物充满好奇，两个眼睛忽闪忽闪的，一副天不怕地不怕的样子。不过自从上了幼儿园，小庄竟然害怕起毛毛虫之类的小昆虫了。开始时，爸爸妈妈觉得孩子还小，害怕这些东西很正常，因此并没有太在意。不过后来的事情就让爸爸妈妈开始担心了，因为小庄不仅害怕小爬虫，还开始害怕小狗小猫之类的小动物，到后来，连跟同学说话都害怕，上课也不敢举手回答问题。

小孩子会怕一些东西，怕做一些事情，像小动物、毛毛虫、打针、走夜路等，很多父母都认为孩子还小，怕是理所当然的，等长大一点就好了，可是事实上却并不像想象中的那么乐观。家长对此的过于乐观，造成了对孩子恐惧心理的纵容，不利于孩子勇敢性格的形成。如果持续下去，会影响到孩子的成长，就像前边讲的小庄一样，开始仅仅是害怕毛毛虫，最后竟演变成害怕与人沟通。

孩子胆小，跟成长的环境有很大关系，在父母全力保护下长大的孩子，就像温室里的花朵，稍有风雨就会破败不堪。勇敢是父母应该教给孩子的重要的人格品质，勇气不会随着孩子年龄的增长而自动获得，培养勇敢的孩子必须从生活细节出发，从小事做起。

## 亲子兵法

第一招：不要觉得孩子的"怕"是理所当然，在生活中要引导孩子正视自己害怕的东西，让他明白其实自己一直害怕的东西原来没什么可怕的。

比如有的孩子怕毛毛虫，可以把蝴蝶作为突破口，蝴蝶是毛毛虫变的，通过讲一些类似的趣事，孩子紧张的神经就会逐渐放松下来，还有可能因此而引发了探究的兴趣。

第二招：还要让孩子多些亲身体验。

记得小时候学过一篇课文，叫做《小马过河》。课文里的小马站在河边，不知道河水有多深，看着流淌的河水不由得有点害怕，而且小松鼠还跑过来说那条河淹死了自己的同伴，小马就更加害怕了。最后老马跟小马说："不亲身体验一下，怎么知道河水的深浅呢？"小马这才走到河中，原来河水根本没小松鼠说的那么深，小马也就不再害怕了。孩子也是一样，多体验才能获得勇气。

第三招：多带孩子亲身体验生活，挑战自己不熟悉的领域、环境，是使孩子变得勇敢的不错方法。

其实孩子怕黑或者怕什么动物也是一样，因为看不清前方的路，不知道会不会有吓人的东西，不了解某些东西，才会凭空想象出一些东西，而觉得害怕。

只有大胆尝试，才能在成长的过程中收获颇丰，锻炼出过人的胆识，家长对孩子勇气和胆量的培养，将让孩子受益终生。

### ☞ 小编赠语

适当的"冒险"有利于培养孩子的勇敢品质。孩子对很多事情都感到好奇，比如对自然界、对某些动植物、某些游戏、某项运动，不过家长们有时候害怕孩子出危险，常常阻止孩子去探寻。其实家长们不妨放开手多鼓励孩子去"冒险"。例如带孩子去游乐园，对一些比较刺激的游戏，像过山车、高空飞车，在保证安全的情况下，要鼓励孩子亲自去体验。

## 6. 让孩子懂得生活的艰辛

很多家长都是靠做点小生意，比如卖菜、卖水果、买熟食，起早贪黑地赚点钱糊口，却舍不得在自己身上多花一分钱。可是对孩子，根本不会考虑这么多，只要是孩子想要的，就会想方设法地买来。孩子却不管不顾花钱大手大脚，不仅如此，有的还埋怨自己的父母没本事。

父母毫无保留地把爱给了孩子，可是孩子能体会得到这份浓浓的爱吗？很多孩子连父母每天做什么都不知道，更别说了解收入了，不了解生活的艰辛，又怎么会对父母充满感恩？

## 故事坊

一

我就见过一个这样的小孩儿，他的爸爸妈妈是街边卖菜的小贩儿，家里并不宽裕，可是对儿子却是有求必应。这个孩子喜欢吃红烧鳝段，如果餐桌上没有这个菜，他就会小脸儿拉得老长，小嘴儿噘得老高。爸爸妈妈怎么说都说不动，他就是不肯动筷子。且不说孩子的父母最后是怎么处理的，就单说这件事情，是不是觉得很寒心？

还有一个孩子，今年10岁，家里条件也不好，加上母亲失业，生活显得格外拮据。不过他一点都不知道父母挣钱不容易，看到别人吃什么好吃的，穿什么好衣服，他就一定让父母也给自己买。孩子的父母觉得问题很严重，就让他利用周末到马路上卖报纸。一个10岁的孩子去卖报纸，你是不是也觉得家长太狠了？可是家长的狠确实起到了作用。

开始时，小孩儿还规规矩矩地站在那儿卖报，可是没多久就站不住了，6月的天虽然不是很热，可是大中午站在太阳地里也够人受的，于是，这孩子站了一上午就站不住了，结果一天只卖出去了4份报纸。傍晚回到家，妈妈算了一下，除去本钱一共赚钱了2元4角。这次卖报纸让孩子知道挣钱真的不容易，他现在所独享的一切不是从天上掉下来的，也明白了父母为自己付出了太多。

二

有天晚上，一个妈妈把脱下的袜子扔进了垃圾桶。儿子看见了，就奇怪地问："妈妈，你怎么把袜子扔了？"妈妈说："那双袜子已经破了好几个洞了，没有办法再穿了，所以只能扔了它啊。"儿子歪着头听着，忽然他跑进卧室，把他的储蓄罐捧到妈妈面前。妈妈还觉得有点迷糊，儿子就把存钱罐里的硬币都倒了出来。"妈妈，我只有这7块钱，不知道够不够给你买双袜子？"

93

父母含辛茹苦地照顾整个家，为什么现在的孩子不但不理解父母的辛苦，想着为家里尽一份力，反而还会埋怨父母呢？或许是现在的孩子生活得太好了，过惯了饭来张口、衣来伸手的生活，他们不会再像父辈那样，为了买一支棒冰，要顶着太阳捡满一草帽壳的麦子；为了买一套喜欢的小人书，要在课余割上一个夏季的青草。父母们总会尽量满足孩子的需要，却忽视了这样下去孩子会更不了解生活，也更不懂得感恩。

## 亲子兵法

只有让孩子自然而然地感受到父母劳作的艰辛，他们才会逐渐打心底里对父母产生一种感激和敬重，而感恩的种子也会在他们的心里悄悄发芽。所以不妨在周末休息时让孩子跟着父母去工作，或者晚上时，让孩子跟妈妈一起做家务，了解到辛苦、累，孩子才会理解父母的艰辛。

## 小编悟语

要唤醒孩子内心深处的感恩之心，父母不仅要对孩子进行口头上的教导，更重要的是要让孩子适度"贫困"，从而感受到生活的艰辛，不管家庭条件多么富裕。

## 第二章 好习惯培养高能力

忘记是哪位著名的人说过，习惯决定命运，起初还不觉得什么，甚至觉得这是危言耸听，可是现在我明白，一个好的习惯，哪怕只是早上坚持早起，都能给人带来巨大的好处。

# 1. 不要让孩子掉入习惯思维的陷阱

## 故事坊

一

一家大公司要招聘一位业务经理，优厚的待遇和福利吸引了数百名求职者。经过一番选拔，最后剩下了10名求职者。

主考官对这10名求职者说："你们回去好好准备一下，一周后，本公司的总裁将亲自面试你们。"

一周很快就过去了，10名做了准备的求职者准时来到公司。结果，被留下来的是一个相貌平平的求职者。事后，总裁问这名求职者说："知道你为什么会被留用吗？"

这名求职者老实地回答："不清楚。"

总裁说："其实，你并不是这10名求职者中最优秀的。他们都做了充分的准备，比如时髦的服装、娴熟的面试技巧，但都不像你所做的

95

准备那样务实。你用了一种超常规的方式，对本公司产品的市场情况及别家公司同类产品的市场情况做了深入的调查与分析，并提交了市场调查报告。你在还没被本公司聘用之前，就做了这么多工作，不用你又用谁呢？"

二

有一天，有个动物园管理员发现袋鼠从围栏里跑出来了，于是开会讨论，一致认为是围栏的高度过低。于是，他们决定将围栏的高度从原来的1.5米加高到2米。

第二天，他们发现袋鼠又跑出来了，于是他们又决定再将高度加高0.5米。可没想到，隔天袋鼠居然又跑到了外面，于是管理员们紧张得不得了，决定一不做二不休，将围栏的高度加高到3米。

这天，长颈鹿和几只袋鼠闲聊，"你们看，这些人会不会再继续加高你们的围栏？"长颈鹿问。"很难说，"袋鼠回答说，"如果他们再继续忘记关门的话。"

管理员只想到了围栏的高度，却没有想到关门，习惯性的定式思维很可能会使自己看不到问题的根本。因此，打破思维的定式是非常必要的。

三

上课时，老师先给学生们讲了这么一个故事。

一个聋哑人去买钉子，他先用左手做持钉状，提着两个手指放在柜台上，然后右手做锤打状。售货员先递过把锤子，聋哑人摇了摇头，指了指做持钉状的两个手指，售货会心一笑，给他拿了钉子。

这时，又来了一位盲人顾客，他想买一把剪刀，"那么这位盲人要买到剪刀用什么方法最简单？"老师问。老师话音刚落，一个学生就抢着回答："伸出两个指头模仿剪刀的样子就可以了。"其他同学也纷纷点头一致同意。不料，老师却摇摇头说："其实，盲人只要开口说一声就行了。"

同学们恍然大悟。老师语重心长地说："记住，当一个人进入思维死角时，那么其智力就会在常识之下。"

在日常生活中，如果我们只是顺着一个思路思考，往往会找不到最佳的解决方案，因而始终不能解决问题，甚至让自己走入死胡同。其实，让思维向四周发散，或作逆向推理，有时反而能得到意外的收获。

## 亲子兵法

当孩子陷入思维的牛角尖不能自拔时，不妨建议他们打破原有的思维定势，反其道而行之，尝试一下其他思维方法，寻找新的方法。

## 小编赠语

孩子受到知识和阅历都比较少的限制，常常会陷入到成人看来比较可笑的死胡同，这时，孩子需要家长们的提醒。不仅是孩子，其实成人也会犯这样的错误。

# 2. 不要让盲目成为孩子的习惯

## 故事坊

渤海口生活着一条勇敢的鱼，它发誓要游到黄河的源头去实现生命的价值。它终于出发了，逆流而上的它顽强坚持，凭着精湛的游泳技术和机敏的头脑，穿过了渔民们布下的一道道渔网，也逃过了许多大鱼吞食的嘴巴。冲过浅滩，穿过激流，它过了山洞，挤过了石罅，游过了一个又一个危险地带，终于游上了高原，到达了黄河的源头。群鱼为它欢呼，都把它视为勇于拼搏的英雄。

可是，这位受鱼尊敬的英雄，刚想朝欢呼的同类摆摆尾巴，却已经累得不行了，并且很快被冻成了冰。多少年过去了，它一直保持着游动的姿势，凝固在唐古拉山的冰块中。有人说它是一条勇敢的鱼，逆行了那么远、那么长、那么久。然而，却还有人说："它虽然称得上勇敢，但只有伟大的精神，却没有正确的方向。它没有遵从自然规律和历史的选择，虽然历尽了艰辛，但得到的却只是死亡。

勇敢是成功者必备的品格，但是在其背后更需要有理性的思维加以支持。仅凭盲目地追求非但不会有所收获，反而会付出惨重的代价。

生活中总是有五光十色的诱惑，孩子们看见新奇的东西，也总是试图去尝试一下，很多要强的孩子还会拼尽全力一定要做成，也是就在孩子们前仆后继地为这些新奇的东西努力时，没有人想过自己是否适合去做，是否是在盲目跟风。

## 亲子兵法

莫说是孩子，就算是家长也未必能逃脱。看见其他孩子都报钢琴班，也非要自己的孩子报，不管孩子是不是喜欢钢琴。盲目，让孩子的行为充满风险，而盲目的次数多了，很可能会变成习惯，习惯了盲目也就与自我、独立越来越远了。所以家长们要注意孩子的盲目行为，同时也要注意自己的盲目行为。

　　教育孩子的同时，家长也在不断成长，盲目不仅是孩子容易犯的错误，同样是成人容易犯的错误，它是人格上的一个缺陷，如果在教育过程中家长也改掉了自己身上的毛病，那真是皆大欢喜了。

# 3. 让孩子不要患得患失

## 故事坊

　　从前，有一位神射手，他的名字叫做后羿。他百发百中，还能百步穿杨。夏王听说了，于是也想亲眼看看他的表演。有一天，夏王命人把后羿召进宫，单独为他一个人表演射箭。

　　夏王把后羿带到御花园里一个开阔地带，叫人拿来了一块一尺见方、靶心直径大约一寸的兽皮箭靶，指着它说："今天请先生来，是想请你展示一下精湛的射术，这个箭靶就是你的目标。为了让这次的表演不会因为没有竞争而沉闷乏味，我来给你定个赏罚规则。如果射中了的话，我就赏赐给你黄金万两；如果射不中，那就要削减你一千户的封地。现在请你开始吧。"

　　后羿听了，一言不发，只是面色变得凝重起来。他慢慢走到距离箭靶一百步的地方，然后，取出一支箭搭上弓弦，摆好姿势拉开弓开始瞄准。可是，一想到自己这一箭出去可能引发的结果，一向镇定的后羿也变得紧张了，拉弓的手也微微发抖，瞄了几次都没有把箭射出去。最后，后羿终于下定决心松开了弦，箭应声而出，"啪"一下钉在了离靶心足有几寸远的地方。

后羿收拾弓箭，勉强陪笑向夏王告辞，悻悻地离开了王宫。夏王在觉得很失望，同时他也搞不明白为什么后羿会失败，于是有人跟他解释说："后羿平日射箭，不过是一般练习，在一颗平常心之下，水平自然可以正常发挥。可是，今天他射出的成绩直接关系到自己的切身利益，叫他怎能静下心来充分施展技术呢？"

患得患失、过分计较自己的利益将会成为我们取得成功的障碍。因此，要培养孩子恬淡的性格，少了得失心的搀和，才更加容易取得满意的成绩。

## 亲子兵法

有时候，重视比赛结果的不是孩子，而是家长，他们往往不断给孩子施压，搞得本来轻松的孩子，变得担惊受怕的，最后也拿不了好成绩。因此培养孩子果断、不过分计较的习惯显得尤为重要。

## 小编赠语

患得患失，会让孩子养成做事犹豫不决的习惯，这无论是在学习上，还是在将来发展事业上，都将对孩子非常不利，家长要帮助孩子矫正这个习惯。

# 4. 计划是成功的第一步

## 故事坊

1984 年，东京国际马拉松邀请赛中，原本名不见经传的日本选手山田本一，在众人的意料之外夺得了世界冠军。当记者问他是如何战胜众多好手时，他只回答了一句话："我是用智慧战胜对手的。"

当时很多人都认为山田本一是在故弄玄虚，毕竟马拉松是凭借体力和耐力的运动，爆发力和速度都还在其次，只要选手的身体素质好、耐力够，就有成为冠军的希望。所以，智慧对马拉松来说会有什么帮助？这个说法实在有些勉强。两年后，意大利国际马拉松邀请赛在意大利的北部城市米兰举行。山田本一代表日本参加比赛，并且再度获得了世界冠军。

面对山田本一时，记者们再度问到了获胜的关键。性格木讷的山田本一不善言辞，所以这次的回答还是和上次一样，"用智慧战胜对手。"不过，这次记者们并没有在报纸上挖苦他，只是仍然对他所谓智慧的说法一头雾水。

10 年后，山田本一在他的自传中清楚地解释了他的"智慧"。

"每次比赛前，我都会先把比赛的路线仔细地看一遍，并且把沿途比较醒目的标志记下来。比如第一个标志是银行，第二个标志是一棵大树，第三个标志是一座红房子……就这样一直记到赛程的终点。"

"等到真正比赛时，我会奋力地向第一个目标冲刺，等到达第一个目标后，再用同样的速度跑向第二个目标。这样一来，不管多远的赛程，只要分解成几个小目标，我就可以轻松地跑完全程了。"

"刚开始时我不明白这个道理，只会把目标定在终点线，结果跑不

101

到十几公里便疲惫不堪，被前面遥远的路程给吓倒了。"

计划是实现梦想的第一步，有了计划，才能有完成梦想的步骤。所以，计划性成为孩子不可或缺的人格品质，家长们应该培养孩子这个习惯。

## 亲子兵法

孩子做一件事时，也许仅仅是凭着直觉和经验去做，但是有时候直觉和经验只有一鳞半爪，所以孩子常会在做什么事情时没头没脑，尽管最后结果达到了，可中间过程却一塌糊涂。这时，家长们就要告诉孩子一些做事的步骤了，比如烧水时，要先把水装满水壶，再放到煤气灶上，打开火，直到水烧开。不要先把水壶放到煤气灶上，打开火，再往水壶里添水，因为这样容易受伤，而且会手忙脚乱。类似的事情还很多，家长只要告诉孩子一些做事的步骤，就能让孩子心里形成做事要有计划的想法，慢慢地，孩子做事就会非常有条理。

## 小编赠语

我们不应该将计划视为一种束缚，而是把计划当成一种规范，可以之后跟着环境的变动再逐步地调整与修正。做事有条理，过程都在掌控之中，成功的概率就要大得多了。

# 第三章　孩子最应该具备的人格品质

作为一个个体的人，就是生老病死这么简单，可是作为一个社会的人，人本身就要具备很多别的东西。

# 1. 给孩子一颗爱国心

爱国，就是古代时人们说的"忠"。祖国是生你养你的地方，你的成长不可避免地与祖国有着千丝万缕的联系，热爱祖国并不仅仅是口号，那是一种认同，一种对自己民族、文化、语言、风俗习惯的认同，爱国就像我们爱父母那样理所当然。

爱国，是孩子人生之中必须掌握的一课。

不过，教育孩子热爱自己的国家，不能空洞说教，要在生活中一点一滴地把爱国情怀渗透到孩子的思想中。

## 故事坊

毛毛三四岁时，爸爸妈妈常常带他去天安门看升旗，还会让他找我国旗在哪儿，他总是能很快就发现目标，并跳起来指给爸爸妈妈看，还跟妈妈说："你看，解放军叔叔给国旗站岗呢！"有一次，他画了一张解放军叔叔为国旗站岗的画，虽然十分幼稚，但非常认真。不知不觉毛毛上了小学，每当电视里放我国运动员参加重大国际比赛登上领奖台时，爸爸都要把全家叫来一起看。伴着雄壮的国歌，五星红旗冉冉升起，获奖运动员热泪盈眶。看到这激动人心的镜头，全家人都沉浸在自豪之中，毛毛也自然受到这种气氛的感染。

毛毛最喜欢听故事，所以爸爸妈妈也经常讲给他听，不过讲的不只是童话、寓言、民间故事，还会有计划地讲毛泽东、周恩来、朱德、刘少奇等老一辈革命家为祖国而战，革命先烈为祖国，为人民献身的英雄故事。让毛毛向英雄学习，让他明白为祖国献身的人将永远受到人民的敬仰。

除此之外，爸爸妈妈还给毛毛讲一些中国地理、历史常识，使他了解一些中国的"世界之最"，还常带他出去游玩、参观，遍览名胜古迹，让他切实感受祖国河山的壮美和文化的深厚。遇到爸爸出差，还会带给毛毛小纪念品，不仅是为了让他高兴，而且还通过这些纪念品，给孩子介绍当地的风土人情、特产和建设成就，让他了解祖国的伟大。

## 亲子兵法

国旗代表着我们的国家，所以让孩子认识国旗，是教育孩子时不能错过的细节。在孩子开始学着拿笔在纸上画道道时，可以先引导他画国旗，当孩子为亲手画出一面国旗而欢呼雀跃时，可以告诉他这是我们国家的标志，然后讲一些国旗的故事。平时，还可以在看电视或者看什么书籍、杂志的时候注意提醒孩子，让他们自己找国旗在哪儿。遇到升旗的场合，要让孩子严肃起来，体会庄重的场合。这样，在家长的引导下，孩子会明白一些简单的爱国常识，在以后的成长中才会对这种情怀理解得越来越深刻。

让孩子走出家庭、学校的狭小天地，开阔眼界，增加对祖国伟大的感性认识，培养爱国主义情怀，这是一举多得的好办法。当然这需要家长为出游活动赋予教育内容，把出游变成教育过程，才能收到教育效果。

# 2. 责任感是孩子不可或缺的品质

## 故事坊

一

有个美国男孩儿，偶然弄到了一批禁用的烟火炮竹，其中还包括一种叫"鱼雷"的鞭炮，威力非常大。一天下午，他在一座桥的砖墙上放了一个"鱼雷"，巨大的响声让孩子无比兴奋，可是也因此而招来了警察。警察把他带进警察局，并依照禁令处以 14.5 美元的罚金，尽管这里的警长认识孩子的父亲，可是依然严肃地执行了对孩子的惩罚。14.5 美元对于一个 11 岁的孩子来说不是个小数目，只好由父亲代交。男孩的父亲虽然交了罚金，但是却要求男孩自己打工来还罚金。

这个男孩就是美国前总统里根，他在回忆录中写道："我做了许多零工活才还清了我欠爸爸的那笔罚金。"这件事让里根懂得了什么叫责任，那就是一个人要对自己的过失负责。

二

上世纪二三十年代的时候，有位学者在自己家做过一个小实验：把

105

一把鸡毛掸子放在了书房门外的地上，然后逐个叫儿女们来书房，可是，几个儿女无一例外地跨过鸡毛掸子径直进了书房。最后，学者叫自己的夫人进来。只见，夫人弯腰拾起了鸡毛掸子才进了书房。学者看了说："孩子们，为什么你们进来时看不见鸡毛掸子，而妈妈就能看得见它？"

老百姓常讲"油瓶倒了也不扶"，说的就是这种没责任心的行为。很多孩子都没有责任心，这让家长们头疼不已，可是孩子的责任心不是天生的，需要培养。

三

记得朋友跟我讲过一件这样的事：有个孩子去上学，可到了学校发现作业本和铅笔都没带，过了一会儿，教室里进来一位老太太，她气喘吁吁地说："是我早上忘记给孩子带了，不是孩子不好，老师千万别怪罪他！"

还有的时候，小孩子摔了跤，家长就赶紧跑过去把孩子扶起来，"哎呀，这地真讨厌！"或者说："这树真是讨厌，怎么长在这儿呀，把我们家的宝宝都撞到了。"孩子闯了祸，家长会把孩子叫过来问："这是你干的吗？"孩子老老实实回答："是。"家长就一把拉过孩子说："你这孩子怎么这么不听话啊？快跟人家说对不起！"然后就让孩子回家做作业了。接下来的善后工作当然是家长来搞定，什么赔礼道歉啊，赔偿损失啊，上医院啊，全由家长包了。我们习惯于替孩子去辩护、承担责任，让孩子逃避责任，可是孩子犯了错，给别人造成了伤害、造成了损失，一句"对不起"就能解决吗？所以，孩子的责任心是被大人剥夺了。

孩子是在体验中长大的，体验得越多感受越深。所以在日常生活中，家长们不要把孩子的一切都料理得妥妥帖帖的，要让孩子明白自己的事情应该自己来做。

**亲子兵法**

　　日常生活中，不妨让孩子承担一些责任，比如每天负责带家里的狗狗出去散步、每天负责去取送来的牛奶、每天负责饭后刷碗、每天负责打扫客厅等，如果孩子没有做到，就要对孩子施以小小的惩戒，让他明白责任就是要负责把这件事做好。孩子体会到责任的意义，慢慢就会在做事的时候懂得分寸了。

**小编赠语**

　　在孩子犯了错误后，家长们不要着急帮孩子解决，要让孩子明白自己犯的错误要学会自己承担责任。

# 3. 让孩子懂得一诺千金重

## 故事坊

**一**

　　战国末年，项羽跟刘邦争霸，双方手下都有很多极品战将。季布就是其中之一，他是项羽旗下的得力战将。季布不仅作战勇猛，而且还是一个极重承诺的人。只要是他承诺过的，无论对方是什么人，哪怕是死敌，也要竭尽所能去完成诺言。正因为他从不食言，所以赢得了许多朋友。后来项羽兵败，刘邦成了天下的主人，于是以黄金千两为代价，悬赏捉拿季布。然而，季布的朋友都不为金钱所动，冒着生命危险暗中帮他脱险。有一户人家，明知他就是刘邦要捉拿的季布，可还把他收留在家里，并请求刘邦的老朋友汝阴侯夏侯婴为他说情。在夏侯婴的劝说下，刘邦不计前嫌，还请他入朝为官，后来官拜宰相，深得百姓爱戴。

二

福克斯是英国的政治家，他因诚信受人尊敬，而他的这种品格与他父亲的教育有着密切关系。

小时候，父亲想拆除旧亭子，建造新亭子，福克斯希望能够亲眼看到亭子是怎样拆除的，但他马上就要去上学了，于是就向父亲请求，等他放假回来时再拆除，几番商讨后，父亲为了让他准时去上学，就答应他了。

但是，等他假期回来时，新的亭子已经建成了。他很生气也很失望，对父亲说："你说话不算数。"

父亲听了孩子的话，内心感触很大，便严肃地说："孩子，我错了！言而有信比财富更重要。"然后，再请工人把新亭子拆了重建，只为了实现以前承诺孩子的愿望。

人以诚信为本，要"言必信，行必果"。只有遵守承诺，才能获得别人的信任，才能建立良好的社会关系。从小教育孩子遵守承诺，能培养孩子的责任感，在承担责任的过程中不断强大自我。

宝宝们常常很乐意作出承诺，但却又常常违背诺言。昨天还答应小伙伴要出去踢球，转眼却仅仅因为一部好看的卡通片而食言。这与道德败坏无关，只是条件限制所致。小孩子的自制能力差，并不意味着父母可以对孩子的食言视而不见。如果放任，孩子会把食言当成一种习惯，觉得这并没有什么，也将永远都缺乏责任感。等他长大了，依然会轻易许诺，然后恣意违反，朋友们也不会再信他的话，而他也很难有知心朋友。甚至，在工作上，还会让同事或合作伙伴对他失去期望，不愿意再跟他合作。

诚实守信是立身之本，遵守承诺是成功的关键，每个希望孩子成功的父母都应该让自己的孩子学会遵守诺言。所以，父母应该从小就教育孩子诚实守信，像保护自己的眼睛一样去遵守诺言。

第一招：督促孩子实现承诺。

孩子比较小，所以有些承诺是在孩子能力范围之外的，这种情况下如果孩子食言，家长要让孩子跟人认错，同时也要表扬孩子勇于承认错误的勇气。不过事后也要帮孩子分析，为什么当时会承诺自己根本无法办到的事，以及这对别人会造成什么影响，让孩子明白诺言不能轻许，下次许诺要慎重一些。另外，对于那些本来能完成，可是因为孩子自制力弱而未能完成的，家长要及时提醒，必要时还要多给孩子鼓励，让孩子明白，完成承诺能够带给别人快乐，也能让自己获得他人的喜爱和尊敬。

第二招：批评要就事论事。

当孩子说话不算数时，父母批评孩子要就事论事，不要因此而否定他的品性。像"你说话从来都不算话，就是一个没有信用的人"这样的话，会让孩子产生逆反心理，心想："反正你都这样说了，那我就这样了"。

如果孩子答应了每天晚饭后只看两个小时电视，可他今天违反了，你不妨这样说："儿子，你答应我每天只看两个小时，昨天做得挺好的，可今天怎么没做到啊？我希望你明天能做到，因为你是一个说话算话的人。"让孩子觉得你信任他，他会更容易遵守承诺。

第三招：为失信向孩子认错。

家长们也常常食言，比如答应了孩子带他们去游乐园玩，却因为要加班而不能带孩子去了。当孩子闹着说，你上次就答应要去，父母可能还会耐心解释，说要加班，没有办法。但这样的答案并不能平息孩子的不满，直到最后，烦躁的家长粗暴地说："你这孩子怎么这么不懂事！是你去玩重要，还是我工作重要？"

家长们也许觉得这是在情理之中的，其实这种行为是在向孩子传达"只要有理由，就可以不守信用"的信息。父母是孩子第一个也是最重要的一个模仿对象，对此，家长们应该诚恳地向孩子道歉。

### ☞小编赠语

> 古人说："一诺千金。"孩子要讲信用、重承诺，家长也应该这样。

## 4. 告诉孩子节俭并不过时

社会发展越来越快，生活也越来越好，渐渐地，人们不再为了生活中那一星半点儿的钱较真儿了，也不觉得生活上稍微大方一些有什么坏处，甚至觉得"节俭"那么老套的生活方式已经过时了。于是，很多孩子对钱没概念，往大了说，这是缺乏理财头脑；往小了说，这叫大手大脚。

### 故事坊

小松上小学三年级，家里条件还算不错，爸爸妈妈在花钱上从来不约束他，小松向来不缺钱花。于是，他就在学校里充起了"大款"，动不动就铺张一下，时不时就请要好的同学吃个饭。在家里时，小松也是这样，家里的玩具他从来都是玩儿不了几天又要买新的，而一旦买了新的，旧的玩具自然也就丢到一边了。至于学习用品，那就更不用说了，铅笔、橡皮、文具盒、书包，样样都要买好的，就怕在同学面前丢面子。

爸爸妈妈为此也比较苦恼，虽然家里并不缺钱，可是小松这样不爱

110

惜东西，让他们觉得很难过。

节俭是一种美德，尽管现在生活好了，可是它仍不过时。孩子养成了节俭的习惯，就意味着他具有控制自己欲望的能力，会给他带来富裕安宁的生活。这种自我克制的能力，还能约束孩子不再自我放纵，促使他行事精明谨慎，养成安闲平和的心态。如果孩子从小就随意浪费，不懂珍惜，将来会养成不负责任的生活态度，这对孩子非常不利，家长要及时纠正。

## 亲子兵法

　　家长要告诉孩子，衣食住行的日常所需，都是父母一分一分地挣来的，家里用的一粒米、一滴水、一度电，也都是靠劳动得来的，所以要让孩子学会勤俭持家，量入为出。生活上要节约，不需要的东西尽量少买或者不买；学习用品上也要节约，不要因为写错一两个字就撕掉一大张纸，也不要因为不喜欢铅笔的外观图案而老是买新的。从小事做起，养成节约的习惯，如人走灯灭，一水多用，爱护衣物等。
　　教孩子养成节俭的习惯，让孩子懂得不是要买什么就能买什么。不过，在要求孩子的同时，家长也要为孩子做出榜样，在衣、食、住、用、行等方面，不能只贪图享受，不考虑花费。

节约不仅适用于金钱问题，也适用于生活中的每一件事，它要求金钱被妙用而不是被滥用，也要求一个人明智地安排自己的精力和时间。节俭还意味着，科学管理自己和自己的时间与金钱，明智地利用我们所拥有的资源。一个懂得节俭的人，也会勤于思考，善于计划，自己的人生也具有很强的独立性。

📖 小编唠语

节俭不是一朝一夕就能习得的，它需要一个很长的过程，通过熏陶与学习慢慢形成一种品质，一种美德。这将会是孩子一生享用不尽的宝贵财富！

# 5. 让孩子变得有主见

## 故事坊

小夏是杭州某小学的学生，他很聪明，可是在判断问题时，总是拿不定主意，非要听过爸妈或老师的确定之后，才能放下心来。而在平时同学之间讨论问题时，小夏的思路也常常被旁边的同学左右。他总是摇摆不定，不敢坚持自己的想法。有时明明自己是对的，也会怀疑自己，只有跟成绩好的同学核对一番后，自己才放心。

像小夏这样的孩子很多，他们并不比别人笨，有些甚至还很聪明，可是却偏偏成绩平平，只因为自己缺乏主见，摇摆不定中往往会出错。在商场经常看到这样的情景，妈妈领着孩子去买玩具或者文具，孩子选中的往往会被妈妈强硬地打回去，再另选妈妈认为好的。到底这东西是买给妈妈用，还是买给孩子用？主意都被家长拿了，那孩子要做什么呢？

## 亲子兵法

心理学家认为，要培养一个有主见的孩子，家长首先要做到放手，什么都不放心孩子去做，包办孩子的一切，什么都帮孩子拿主意、做决定，是培养不出有主见的孩子的。

第一招：让孩子为自己的行动做决定。

家长不要总觉得自己才是对的，孩子有他的想法，如果没有原则性错误，按照孩子的想法做会让他做起来更加卖力。比如让孩子安排自己假期的学习和娱乐活动，家长的认同和接受，既能跟孩子分享快乐，也能锻炼他的独立性。

第二招：让孩子参与家庭活动的决定。

当一家人决定外出旅游时，不妨让孩子来做计划，包括具体的种种想法、操作方式、各条线路的优劣等。孩子参与家庭活动能锻炼思维的严密性，对野外生存也是不错的锻炼。如果家长能常常鼓励孩子自己做决定，就会发现孩子思维活跃、反应敏捷，而且越来越沉着、稳重。

第三招：学习上，让孩子自己选择学习时间，发展学习兴趣。

家长和孩子，总是会为是先玩后写作业，还是先写作业后玩而斗智斗勇，纠缠不休。为什么不可以让孩子自己做主呢？家长认为孩子先做了作业再玩，学习就会有保证，其实不过是个感觉误区，孩子带着不情愿去完成的作业。质量又如何呢？兴趣是最好的老师，对于孩子如何发展课外兴趣，家长们也不妨听听孩子的意见，毕竟去学习的是他们，与其逼着孩子学习，倒不如让他们心甘情愿地去学习。

第四招：帮助孩子提高判断力和分辨是非的能力。

由于孩子年龄比较小，所以对一些事情的决定有可能错误的，这时，家长不要急于纠正，而是要给孩子重新思考的时间，耐心询问孩子是否还有别的解决方法，之后再温和地提出自己的看法。这样既保护了孩子的独立意识，又能帮助孩子矫正错误的思维方法。有时候，孩子还会在人和事的是非问题上犯错误，如学人说脏话，学人要横等，家长不要生硬地辱骂惩罚孩子，而要耐心地正面诱导、纠正，通过父母的评价，使孩子认识到自己行为的是与非，从而提高分辨是非

113

的能力。

### 小编赠语

　　对一些确实没主意的孩子，家长也不必着急，可以适当表现出自己也不知道该怎么办，从而打消孩子希望从家长这里得到主意的想法，鼓励孩子自己做决定。

# 6. 让孩子学会为别人喝彩

　　我们常看到，有的孩子自己获得了荣誉、取得了进步，就欢呼雀跃、得意洋洋，对别人取得的成绩却往往视而不见，甚至挖苦、嘲讽，而不是祝贺别人，为别人喝彩。这种心理非常狭隘，家长们应该帮助孩子摆脱这种心理。

## 故事坊

　　学校举行运动会，小妹晚上跟妈妈说："这次运动会让我好郁闷！"妈妈问她为什么。她回答说："我在400米跑中只得了第二名，本来想拿第一的（前两届运动会，小妹在400米跑中都是第一），没想到这次被别人超过了，班上的王清以微弱的优势，拿到了第一。"

　　妈妈说："王清跑得不错呀，你祝贺她了吗？"小妹说："没有啊，我上午1500米比赛得了第一，她也没有向我祝贺呀。要不是上午跑1500米太累了，我肯定能得这个第一，老师也说了，我有战胜她的实力。"

二

　　小楚在上海某初中读书，有一天，她高兴地对妈妈说："老师让我和班上的阿萍一起参选市电视台少儿节目主持人。"妈妈非常高兴，于是跟小楚商量要准备什么材料，并做了参选计划。看到小楚信心满满的样子，妈妈真是为她高兴。

　　不过尽管小楚一副志在必得的模样，可是却对她的搭档阿萍一点都不满意，有一天还跟妈妈说："阿萍的普通话说得不是很好，而且笑起来也特别假。"妈妈虽然感到小楚有一些问题，可是并没有显露出来，还半开玩笑地跟女儿说："你嫉妒阿萍了？""有一点儿吧！"小楚老老实实地说。于是，妈妈认真地对小楚说："老师推荐你，说明你很优秀，也推荐了阿萍，说明她也很有能力。每个人都有自己的长处和短处，不能用自己的长处比人家的短处啊。"小楚虽然知道了这样不对，可还是不服气。妈妈又接着说："你的普通话和亲和力虽然好，可是语言组织能力上却不如阿萍突出，你要从阿萍身上学习这一点，明白吗？"小楚低着头说："嗯。"妈妈还提醒小楚要正确认识自己，对手越强就越能从对方身上学到东西，所以要懂得为别人喝彩。

　　小楚很赞同妈妈说的话。几个星期过去了，比赛结果出来了，小楚落选了。尽管有点失落，可她还是很大方地祝贺阿萍。阿萍主持节目的时候，小楚还帮她写稿，文笔功力提高了不少，跟同学们也处得越来越好，到学期末还评上了"三好学生"和"优秀学生干部"。


　　为自己喝彩容易，为别人喝彩难。小楚在妈妈的引导下学会了为同学喝彩，也因此从对方身上获益良多。为别人喝彩是尊重别人，又何尝不是尊重自己。在充满竞争的今天，对手无处不在，与其处心积虑地等着对手失败，不如学习一下对手的长处，为对手喝一声彩。

## 亲子兵法

被别人夺走了第一，不少孩子都会觉得不服气，自己心里都不痛快呢，怎么为超过自己的同学喝彩？这或许是因为嫉妒吧，让孩子学会包容别人、欣赏别人的优秀，才能采人之长，补己之短。其实，很多家长也是只看到自己孩子的进步和成绩，很少为别的孩子真心实意地喝彩，家长都没做到，怎么教育孩子？所以在生活中，当孩子对别人的荣誉无动于衷或愤愤不平时，家长不妨提醒孩子要为他人喝彩，同时还要让孩子多向对方学习。

只知道自己的成功，显然有些狭隘了，而且这样也得不到知心朋友，只有让孩子学会在欣赏自己的同时，懂得欣赏同学、欣赏朋友、欣赏自己的竞争对手。真心为别人喝彩，孩子的心胸才能更宽阔，也才能交到更多好朋友。

## 小编赠语

其实，除了要为别人喝彩之外，还要让孩子学会跟自己不喜欢的人相处。很多时候，人们都会因为不喜欢某人，而对他产生偏见，学会跟不喜欢的人相处，一方面要让孩子明白，有些结论孩子下得并没有根据，另一方面也让孩子明白，不是事事都要跟他针锋相对，静下心来生活比天天愤愤然要轻松愉快得多。

## 第四章 孩子要获得幸福，应该具有的人格品质

孩子的将来让人期待，孩子的生活实实在在，不是吃饱穿暖就是孩子的幸福。孩子在生活中获得的乐趣，在成功中获得的喜悦，在困境中获得的感悟……似乎都是形而上的东西，可是这会让孩子幸福。

# 1. 坚持，为孩子的人生增添无尽力量

一个人要想获得成功，就必须要有坚强的毅力，即便身处逆境也不放弃。马丁·路德·金说："我们必须接受失望，因为它是有限的，但千万不可失去希望，因为它是无穷的。"

## 故事坊

1989 年的田径赛场上，有位出类拔萃的古巴女选手，她叫奎罗特。可是就在她的事业处于巅峰阶段的时候，竟发生了意外。1993 年，奎罗特遇到火灾，当时的她因为没能及时逃生，不仅面容被毁，全身多处烧伤，10 天后怀孕 6 个月的孩子也引产夭折。你一定觉得惋惜，如此出色的一个人竟遭受到这种厄运，以后让她怎么生活呢！可是，一连串的厄运并没有压垮她，1995 年，奎罗特带着满身的伤疤又回到跑道上，并取得了世界锦标赛 800 米金牌，在 1996 年的亚特兰大奥运会上又夺得 800 米银牌。人们为这个传奇女子惊叹着，奎罗特赢了比赛，战胜了让

117

她遍体鳞伤的命运，更赢得了人们的尊敬。

## 亲子兵法

第一招：引导孩子制定目标。

有了目标，孩子心里就有了"盼头"，就会为实现目标而去努力。不过目标制定得要恰当，太难或太容易实现的目标都不利于锻炼孩子的意志。同时，不能让孩子养成好高骛远的毛病，还要让孩子明白，不经过努力目标是实现不了的，只要努力就一定能实现。在为目标而努力的过程中，家长要督促孩子坚决执行，直到实现，不能半途而废。

第二招：尽可能让孩子独立活动。

任何目标的实现，都会遇到困难与障碍，这时，要让孩子自己想办法解决，家长们可不要因为心疼而替孩子完成。自己的事情自己做，自己遇到的困难自己解决，有助于孩子锻炼意志力。如果孩子实在是不能独立完成，也不必急着上去帮忙，等孩子实在没办法了，再帮忙也不迟。当目标实现时，孩子心里将充满成功的喜悦与满足，而且在这个过程中，孩子的勇气和信心也会逐渐增强。

第三招：让孩子再坚持一下。

有位作家访美时遇见一位卖花的老太太。她穿着破旧，看上去身体很虚弱，可是却满脸喜悦。作家走过去买了朵花，并说："您看起来很高兴。"老人说："为什么不呢？世界这么美好。"作家又说："您没有烦恼吗？"老太太说："耶稣在早期五被钉在十字架上时，那是全世界最糟糕的一天，可三天后他又复活了。所以我遇到不幸时就会再等三天，一切就恢复正常了。"

再坚持一下也许就会峰回路转，让孩子学会坚持，转机也许就在眼前。

　　坚强的意志是磨练出来的，家长们不妨故意给孩子设置点"障碍"，让他们成长的路上有点小小的坡度。自己的事情自己做，不依赖别人，才能在将来的摸爬滚打中轻松过关。

# 2. 让孩子体会生活中的幽默

　　幽默的人往往最受大家欢迎，在忙碌的生活中，幽默是舒缓人们神经的最佳调剂，因此幽默感已成为现代人应具备的素质之一。有幽默感的人大都很有才气，因为要把平静无波的生活变得轻松愉快，把剑拔弩张的局面变得云淡风轻，也是个"技术活儿"。幽默闪着智慧的火花，它把人的观察力、记忆力、想象力、思维力和注意力融合在一起。大人们喜欢和幽默的人打交道，孩子们同样喜欢跟幽默的人交朋友。

## 故事坊

　　一

　　宝宝总不爱吃饭。一次，邻居家的狗冲过来，吓得他直往妈妈身后躲。宝宝问妈妈："为什么狗狗只咬我，不咬你呢？"妈妈笑了，问他："狗最喜欢吃什么？""骨头。""对啦，你看你身上尽是骨头，所以它就要咬你了。""那它怎么才不咬我呢？""像妈妈这样，每天吃三大碗饭，长得胖胖壮壮的，狗狗就不咬你了。"后来，宝宝真的每顿饭都吃得很多。

　　二

　　小海是小区里的孩子王，倒不是因为他霸道，而是他说话有趣小孩子们愿意跟他玩儿。最近小区里设了儿童活动中心，小朋友们常常在那儿扎堆儿。有一天，小区里的几个孩子在那里敲敲打打，大喊大叫，小海走过去，神色紧张地说："嘘，你们听，屋顶快裂开啦！"小家伙们马上停下来，竖着耳朵，仰着脸看看天花板，瞬间的沉默后，大家知道被骗了，于是都乐到不行，不过他们也知道小海的意思，于是大家折腾的声音压低了很多。

还有一次，小海和几个伙伴做游戏。他指着身旁的洋娃娃跟大家说明了游戏规则。过了一会儿，小海伸手去拿洋娃娃，谁知却抓了个空。正着急呢，小山举起洋娃娃喊："在这儿呢，呵呵。"原来，是他偷偷拿去玩了。小海一脸尴尬，调侃道："好吧，洋娃娃实在憋不住，也溜出去玩啦。"

幽默有助于培养孩子开朗乐观的性格，还能促进孩子之间人际关系的和谐。幽默的气质使孩子散发出一种亲和力，它缩短了孩子们之间的距离，使孩子之间多了一点信任，少了些许敌意。幽默感人人都有，宝宝在会说话之前，就会冲你做鬼脸，逗你发笑；长到四五岁时，宝宝的各种恶作剧、拐着弯和你斗嘴，都是他幽默感的体现。所以，不要觉得幽默感是某人天生的，家长从小就要给孩子幽默的熏陶，培养孩子的幽默感。

## 亲子兵法

其实对孩子最初的幽默感的熏陶源自于父母，尤其是婴幼儿时期受父母的影响更大，父母的一言一行都会潜移默化地影响孩子。所以在日常生活中，家长可要注意啦！当宝宝蹒跚学步，不小心碰到墙上时，妈妈说："呀！宝宝，墙被撞坏了！"相信宝宝会破涕为笑。宝宝正在玩积木，妈妈给宝宝扔去一块糖，可不小心把积木弄塌了，宝宝生气地瞪着妈妈，妈妈这时说："咦，天上怎么掉糖呢？"宝宝会高兴地边吃糖边重新搭起积木来。就这样创设出幽默的氛围，用幽默的心态去感染孩子，很多生活中的小纠结就会随之化解了。

随着宝宝日渐长大，爸爸妈妈还可以带着宝宝一起看漫画、笑话、喜剧故事之类的幽默作品，让孩子在笑声中受到教育。

另外，家长还要鼓励孩子大胆表现幽默。讲述是提高宝宝幽默能力的法宝，爸爸妈妈可以多给孩子讲幽默、机智故事，来丰富宝宝的词汇，再让他自由表达或表演。

☞ 小编赠语

生活离不开幽默，幽默更离不开生活，幽默存在于生活的各个角落，懂得幽默便获得了生活的乐趣。父母只要在日常生活中多加留意，创造一个幽默的氛围，再有针对性地去培养孩子各方面的能力，一定会培养出孩子的幽默感。

# 3. 让孩子明白人生来都是平等的

人生来都是平等的，也许在生活条件上有贫穷和富裕之分，但是每一个人都有权获得尊重。可是在现实生活中，总有那么一些人，仗着自己有钱或者有权，就对不如自己的人呼三喝四，甚至百般欺辱。没有人能保证财富与权力会永远留在自己手中，试想有一天自己也穷困潦倒，那么将是怎样的一种局面？孩子正处在人生观的形成时期，父母的影响最直接，也最深远，应该从小就让孩子懂得人人平等的道理。

## 故事坊

小方的爸爸是从农村走出来的，所以家里有不少农村的亲戚，而这些亲戚也时常到城里看看，到小方家转转。小方的妈妈则是从小到大都长在城市里的人，她一点都不待见婆家的农村亲戚，每次乡下客人走了之后，她都要把家里从头到尾打扫一遍，生怕留下一点点农村的味儿，边收拾还边对小方的爸爸抱怨："你看他们，脏兮兮的，进门儿全是土啊泥的，东西还乱仍，真没见过世面！""每次都穿得那么土，还要我陪着逛街，你让我的面子往哪儿放啊？"小方的爸爸在一边也不吭声，后来小方的妈妈越说越来劲，越说越过分，甚至说乡下人笨，爱乱拿东西，贪小便宜，一点都不避讳还在一边的女儿。

小方的妈妈不是对谁都很刻薄，要是家里来了有钱、有地位的客人，她就热情得不得了，不仅点心水果全上，还让小方跟人问个好，唱个歌什么的。听了几次妈妈的抱怨之后，乡下亲戚又来串门时，小方再也不愿意跟他们打招呼了，还带着一脸嫌弃的神色。后来，班上转来了一位乡下同学，小方也对她嫌弃得很，不仅不愿意跟她打招呼，甚至还背地里说她的坏话。最后惹得新同学还跟她打了一架。

如果父母平常就有些看不起穷人，只对权贵敬重，孩子自然也会受到影响，这会让孩子交不到知心朋友，也错过很多跟同学相互学习的机会，对孩子以后的成长很不利。所以，父母要想孩子平等待人，首先自己就要做好榜样。

## 亲子兵法

家长们都希望孩子健康快乐地成长，就要为孩子抹平心理上的一些疙瘩，为孩子创设一个平等、民主的家庭环境。不要总是用命令的口气对孩子说话，从不认真听他们的意见，这样容易给孩子传达"强者说话，弱者听从，强者命令，弱者执行"的信息，孩子以后待人可能会命令弱者，服从强者。家长要尊重孩子，重视孩子的感受，采纳孩子合理的意见和想法，对孩子的帮助说谢谢，让孩子明白，任何一个人，无论强弱，在人格上都是平等的，都是有能力帮助他人的，都应该获得尊重。

孩子之所以看不起比自己差的人，是因为他觉得比自己差的人全身都是缺点，对此，家长要帮助孩子发现弱者的优点。当孩子跟你抱怨班上的乡下同学什么都不懂的时候，你不妨帮孩子找一些那个同学的优点，比如勤快、热情、好学等等。

反过来，家长还要告诉孩子，当孩子面对比自己强的人时，也不要自卑，每个人都是平等的，人们尊敬强大的人，弱小的人也应该得到尊敬。

### 🖙 小编赠语

平等待人，不仅能使孩子在接人待物时自尊自爱、不卑不亢，获得人们的尊重，还能学到更多的知识，获得意想不到的回报。

# 4. 让孩子学会谦虚

## 故事坊

### 一

晚上 8 点多，丽丽还在没完没了地看电视，妈妈看见了，便问："作业写完了吗？"丽丽一脸不屑，没有理妈妈。看着女儿的神态，妈妈以为女儿可能写完作业了。于是接着问："英语单词复习了吗？"丽丽回答："你怎么能用这种语气和一个英语得了满分的人说话？"妈妈觉得奇怪，问："你什么时候得满分了？"丽丽说："就是今天上课听写单词的时候啊。"原来是课堂听写单词全对了，看着女儿得意洋洋的那个样，妈妈决定打击她一下，问："今天考数学了吗？"

一听这个，丽丽的声音马上软了下来，"考了。"丽丽老老实实地回答。"考的什么题啊？""应用题。"丽丽的语气还是比较平和，刚才骄傲跋扈的神态早都不见了。妈妈并没有因此而收手，接着问："能考50分吗？""肯定行！"丽丽有点不服气地嚷嚷。妈妈心想：难道女儿应用题考得不错？于是语气放缓了一些，"有不会做的吗？""有，3道题。"丽丽的语气开始兴奋。"那你最多得50分，肯定还有做错的题呢。""不会。"丽丽自信地说。"为什么？"妈妈不解地问。"因为数学老师前几天表扬我进步了。""表扬你了你就这么骄傲，看来你连50分都考不了。"

第二天，丽丽的成绩出来了，果然没有考到50分。

二

下面是一个中学生的日记：

今天下午，语文老师考试了，我是班上的语文尖子，尤其是前几次，考得都非常好，老师都表扬了我好几次呢，我以为自己是班上语文最好的，所以对这次考试我并不看重，自然也就一点都没复习。

老师一发考卷，我迅速地浏览了一下试卷，心里欢呼这次的题实在是太简单，于是随便做了一下就交了卷。晚自习的时候，成绩出来了，我只考了70分。我不敢相信自己的眼睛，脸烧得火辣辣的。我觉得很羞愧，"怎么会这样！"领试卷时，老师严肃地说："这次怎么回事儿？好好找找原因！"

我仔细地看了试卷，发现很多简单的题都是因为粗心做错的，我为自己的骄傲感到羞耻。回家后，把这一切告诉了爸爸，真担心他会一巴掌拍过来，可是爸爸却心平气和地对我说："你能及时发现自己的原因让我很欣慰。人一旦骄傲了，就很就容易粗心。以后要谦虚，继续努力，知道吗？"

我哭了，有了爸爸的这番话，我想，我再也不会因为稍有点好成绩

*就骄傲了。*

骄傲自负实际上是自信过了头，这样会导致孩子放松对自己的要求，做题的时候就可能不认真思考、不认真检查，心里认为：这么简单的题，还用检查吗？于是就马马虎虎，随意地应付了。

**亲子兵法**

有些孩子取得了一点成绩就得意忘形，认为自己了不起，开始目中无人。骄傲自大对孩子的成长极为不利，家长们不能一味称赞孩子，当发现孩子有骄傲的苗头时，要及时给他"泼点冷水"，让他学会正确认识自己。

每个孩子都有骄傲的时候，但是骄傲之后能马上清醒地认识到自己的不足的却少之又少。所以家长们要注意啦，多给孩子提个醒，这样才能让孩子少走弯路。

**小编唠语**

在学习上，骄傲会让孩子粗心的毛病更严重。当父母发现孩子有骄傲情绪时，要及时提醒孩子，不要让他得意忘形，否则，下一个因为得意忘形而粗心马虎的就是你的孩子。

# 5. 在孩子心中种下爱的种子

爱是人与人之间的一种美好的负担。它意味着要用心去感受别人最细微的精神需要，而这种要用心去感受的能力，只有通过父母的行动去教育和指导才能达到预期的效果。父母们要引导孩子主动去帮助他人，去了解别人的需要。

家长们要培养孩子的爱心，首先就要让孩子明白什么是爱心，要在生活中多多引导孩子体会什么是爱心。家长们不妨经常带着孩子去和周围的邻居，尤其是跟老人们打招呼。带孩子一起帮助邻居或者他人是个不错的方法。

## 故事坊

一

曾听一位年轻的妈妈讲过她女儿的事。有一天，这位妈妈正带着女儿在小区玩儿，忽然感到身体不舒服，就对女儿说要回去休息。在回去的路上，看到有两个老人正非常吃力地抬桌子，于是妈妈忍不住就上去帮忙。不过回家后，腰就直不起来了，只好让女儿帮忙揉揉。她说她从来没有教女儿怎样对待上了年纪的人，但女儿总是很有礼貌地对待老人，并且会主动帮老人提东西。有一次，9岁的女儿居然会说"老吾老，以及人之老；幼吾幼，以及人之幼"。那位妈妈很吃惊，因为从没有教过她这句话，但同时也感到很兴奋，很欣慰。

二

婷婷今年上四年级了，可是她总也弄不明白，为什么自己一忘记告诉妈妈去哪儿，妈妈就会那么生气。直到有一天，妈妈对她说："假设你是我，你不知道我去了哪儿，天黑了，你担不担心呢？"婷婷想了想，到时自己肯定会比妈妈还要着急。于是赶紧向妈妈道歉，并保证以后一定记得告诉妈妈。孩子以前没有这样做，那是因为从未考虑到妈妈的感受。现在她知道了，就会学着顾及别人的感受了。

　　肯为他人着想的孩子，都有一颗善良的心，一颗会同情别人的心。鼓励孩子转换角色想象别人的感受，或是设身处地为他人着想，是培养孩子爱心的有效方法。

　　孩子们在一起玩儿，尤其是男孩子们在一起时，难免会打架。当孩子跟别人发生冲突时，父母们应该劝两个孩子静下来想一想，如果你是他，他是你，会有什么样的感受？这可以帮助孩子理解他人的内心想法。

　　孩子们收到礼物时，自然非常高兴，不过他们也许都没有想过要对谁心存感恩。这时，家长们可以引导孩子想象别人的感受，让孩子可以察觉别人内心世界的变化，遇事先考虑到他人。比如：当孩子收到长辈或同伴寄来的生日礼物，父母们可以跟孩子一起做一张感谢卡片，并引导孩子想一下，他们收到卡片时会有什么样的感觉。这能帮助孩子更好地把握住别人的需要与感情。


　　爱，让孩子懂得感恩，善待他人。对于身边的小动物，孩子们也要善待。现在很多孩子，尤其是男孩儿，经常会拿着木棍追着流浪猫跑。有一次，我在小区里就看到一对五六岁的双胞胎兄弟，一人拿着一个玩具枪对着小猫射子弹，而家长却站在一旁冷眼旁观。其实，虐待小动物是一种很残忍的行为，当发现孩子有这种行为时，家长不能放任不管。动物的生命跟人一样宝贵，它们也是人类的朋友，家长们应该教导孩子们要保护小动物，不能伤害他们。只有这样，爱心教育才算圆满，爱的种子才会真正在孩子心中生根发芽。

🖙 小编赠语

有爱心的人是幸福的，因为他爱别人，同时也能获得别人的爱。

# 6. 成功，需要坚强的意志

孩子意志薄弱，耐力差，做事不能长久，往往"知之"却不能"行之"，更不能"持之"。要让孩子获得成功，首先应培养并磨炼他们坚强的意志。

## 故事坊

小康是个活泼的孩子，可就是胆子特别小。有一次，妈妈带他去动物园，那里有个欢乐园，里面圈养着一些像小狗小羊一样的比较温顺的小动物，目的是让孩子们能近距离接触。妈妈看着好玩就买了一包草，让小康去喂小羊，小康却死死抱住妈妈的腿，一步都不敢往前迈，无论妈妈怎么说，小康就是不敢靠近小羊。小康不仅害怕小动物，还特别害怕打针。每次生病，他都会等到吃药没有效果了，才勉勉强强被妈妈连拖带拽地去打针。即便去了，打针时也要爸爸、妈妈必须都陪在身边。就算是这样，打完针后他还会哭上半天。

不少孩子都缺乏意志力，在父母的溺爱和包办下，独立解决问题的能力、坚持不懈的毅力，还有承受挫折的耐力都与他们无缘。人这一辈子，不知道什么时候就会遇见点什么不好的事儿，如果一碰到困难或者挫折，就只会痛苦流涕，那么他的人生将注定是失败的。

美国心理学家曾经对 800 名男子进行了 30 年的跟踪调查，结论是：在成就最大和最小的人之间，最明显的差异不是智力水平，而是进取心、自信心、坚持性和不屈不挠的意志力。所以父母应该从小就培养孩子坚强的意志力，给孩子的成长上一道保险。

### 亲子兵法

第一招：父母做孩子的榜样。

榜样的力量是强大的，父母在面对困难时，乐观冷静，不轻言放弃，给孩子做坚强的榜样，孩子就会去模仿，就会变得越来越坚强。另外，历史上、生活中，有很多人可以做孩子的榜样，时常给孩子讲一些励志故事也是不错的选择。

第二招：从小事做起，磨炼孩子的意志。

不是只有干惊天动地的大事才能锻炼意志，其实，生活中的琐碎小事同样能培养一个人的意志。"千里之行，始于足下。"比如按时起床、坚持跑步，如果父母无论怎样都让孩子从不间断，长期坚持，孩子的意志就能得到很好的锻炼。从小事做起，持之以恒，是磨炼意志的好方法。如果老是允许孩子自己原谅自己，那孩子意志薄弱就成定局了。

第三招：面对困难，鼓励孩子要坚持。

成功与失败往往仅一步之遥，只要咬牙坚持，胜利就会向你微笑。遇到困难时学会坚持，是磨炼孩子坚强意志的好方法。

第四招：为孩子设置一些障碍。

一般来说，胆小的孩子，意志大都比较脆弱，父母应该积极鼓励，并放手让他自己活动，有意识地培养其克服困难的能力。而对于活泼好动，表现欲强的孩子，父母则要给他创造点障碍。至于习惯了饿了马上要吃，渴了马上要喝的孩子，父母可以有意延缓一段时间，不立刻满足他的要求，这样可以培养孩子的耐挫性。

第五招：让孩子多体验一点外面的世界。

恐惧往往是因为对事物缺乏了解才产生的。比如害怕色彩鲜艳的东西，害怕突然出现的小动物等。父母不妨先告诉孩子一些相关知识，帮他建立起对事物的正确认识，让他明白其实这个并不可怕，并鼓励孩子自己去感受和体验，孩子的恐惧心理就会慢慢消失。如果父母任由孩子远离害怕的事物，不给他观察和接触的机会，只会让他越来越害怕。

☞ 小编赠语

> 坚强的意志不是天生的，而是在困难中磨炼出来的。

## 第五章　哪些人格品质是孩子需要经营一生的事业

能做一番事业，是家长们对孩子的期望，如何能让孩子在成长的过程中少走弯路，在事业发展上顺利成功，是一个值得思考的问题。

# 1. 拥有一颗正直的心

### 故事坊

小城最大的一家外资企业，最近正招聘一名技术人员。薪酬条件是：月工资6000元，奖金补贴除外，每年还有一次去国外旅游的机会。消息一传出，报考者便蜂拥而至。

考试那天，火辣辣的太阳烤着大地，树上的叶子都有点蔫了。可是报名参考的人们却精神振奋地答着卷子。

一个姓高的工程师坐在闷罐似的考场里，暑气蒸腾，心情燥热，热汗淋漓。面对考题他一点都不怵，外文、专业技术类考题都答得十分圆满，只有第二张考卷的两道题让他头疼："你所在的企业或曾任职过的企业经营成功的诀窍是什么？技术秘密是什么？"

事实上，这两道题对于曾在企业搞过技术的他并不难。可在他的手里的笔却始终没落下。多年的职业道德在约束着他：厂里的数百名职工还在惨淡经营，我怎么能为了自己的饭碗而砸大家的饭碗？

他心里翻江倒海，终于挥笔在考卷上写下："职业道德"。交试卷的那一刻，他一身轻松。

正当他为准备重新找工作而连日奔波时，那家外企发来了录用通知。

一夜之间，这位工程师技压群雄，以白卷夺冠的事，传遍了小城的大街小巷。

这个工程师之所以受到外企的青睐，并不是因为他的答案有多完美，而是他的人格更有魅力。一个正直、不违背良心与道德的人，才能真正获得机遇。

正直的人，心里有杆秤，无论什么时候，都敢于挺直腰杆维护正义的尊严。正直的人让人信赖，不会为了个人的利益，做损害别人的事情，也不会弄虚作假，欺骗朋友。

## 亲子兵法

"正直"一词，对孩子来说很抽象，家长需要让孩子从生活中体验什么是正直。

第一招：让孩子从情感上体会。

平时看电视或者遇到什么事情时，家长不妨给孩子指出哪个是正直的人，让孩子说说自己是否喜欢他钦佩他，如果孩子喜欢他，便告诉孩子，那个人的行事风格就叫正直，给孩子的心上打上"人们喜欢、钦佩正直的人"的烙印。如果孩子不喜欢，爸爸妈妈则要告诉孩子，正直的人做的事情会给别人带来什么样的好处，引导孩子从感情上贴近正直的人，进而喜欢、尊敬他们。

第二招：鼓励孩子敢于坚持正义，主持公道，敢于说真话。

比如在学校，看见高年级的同学欺负低年级的同学，要敢于站出来保护弱小的同学。

第三招：督促孩子在生活中，能坚持正确的言行，坦率地对不良现象提出批评，还应做到以公正的态度对待同学。

**小编赠语**

> 这个世界需要正直的人，我们从小就要让孩子拥有一颗正直的心。

# 2. 用诚实擦亮孩子的眼睛

诚实是一个人身上非常重要的品质，它是道德感的关键所在，也是一个人分辨是非的内在声音，还是人类良知的强烈表现。

诚信是现在社会上最热点的问题，身为父母，我们是孩子重要的道德教师，在培养孩子的优良品质和影响孩子的道德发展方面一定要以身作则。

## 故事坊

一

盼盼四岁了，星期天爸爸带他去了动物园，那里有好多动物，有老虎、狮子、长颈鹿、大黑熊、梅花鹿、小猕猴、还有天鹅、鹦鹉、白鹤，……爸爸一边带盼盼看动物，一边不停地讲着，看着那些有趣的动物，盼盼别提多高兴了。第二天，盼盼去了幼儿园，跟小朋友们说："昨天我跟爸爸去动物园了，还见到了恐龙呢。"

二

美美的小伙伴青青有件漂亮的连衣裙，美美很羡慕，最近青青的妈妈又给青青买了一个漂亮的小抱枕，青青拿着它跟美美说小抱枕有多柔

133

软，多可爱，自己多喜欢。美美真是羡慕啊，她多希望妈妈也给自己买一个啊，但是又不想让青青看不起，就脱口而出，说："我也有！"

三

小江上初中了，因为爸爸妈妈平时很忙，没有时间辅导小江，而且也辅导不好小江，所以就商量着把儿子送到市里的私立寄宿学校读书。本以为这样能让小江安心学习，可事实上却完全不是那么回事。

到了学期末，小江放假回来，爸爸妈妈问学习怎么样，考试成绩出来没有。小江说还可以，不过考试成绩要等到假期过后才能寄回家，听到这儿父母也就不再说什么了。过了几天，妈妈在街上碰见了小江的同学小梦，于是妈妈问小梦在学校怎么样，什么时候考试的，成绩出来了没。小梦吃惊地说："成绩早就出来了，小江在学校不好好上课，这次考试在班里倒数第二。小江没跟你们说吗？"妈妈听了差点没晕过去，她怎么也想不到儿子会撒谎。

### 亲子兵法

几乎所有的孩子都会说谎，但孩子说谎可以分为两类：一是无意说谎，一是有意说谎。

孩子分不清事实与想象，所以会有小朋友把鸵鸟错当成恐龙，而说在动物园看见了恐龙这种趣话。有的时候，孩子也会错把自己的愿望当成现实，在看到其他小朋友的玩具时，可能会脱口而出"我也有"。对此，家长们不能单单指责孩子，而是要给予正确引导，让孩子明白说谎是不对的。

孩子说谎有一定的动机，有的是害怕挨骂受罚，有的是不情愿做什么事情而说谎逃避，有的是爱面子，有的是为了得到喜欢的东西而欺骗家长……对于这些，家长们也不要因为过于恼怒而对孩子施以严惩。相反，对孩子要温和一些，鼓励孩子说实话，可以利用向孩子提问的方法来提高他接受别人观点的能力。比如："如果别人那样对你，你会是什么感受呢？""你做的事情，会给别人带来什么困扰呢？"常常用这些话题来跟孩子交流，提醒孩子注意观察别人的内心变化和感受会收到意想不到的效果。另外，还要及时给出正确的做法，这样孩子才能因为获得了正确的信息而不走弯路。

除此之外，对于生活中孩子的一些正确行为也要及时肯定，像孩子帮助了老人、同学，或者仅仅是见到长辈、老人打了招呼，都要告诉孩子你为他的这些行为感到高兴。对于随时发生的道德问题，跟孩子及时沟通，才能让孩子明白什么是对的什么是错的，从而建立起道德意识。

父母是孩子的第一任老师，在培养孩子的诚实品质上，家长的榜样作用也至关重要。在我们教育孩子要诚实时，自己首先要做一个诚实的人，因为生活中的点点滴滴都是培养孩子品质的好教材。

☞ 小编赠语

道德的约束，能让孩子明辨是非，擦亮心的眼睛，对孩子的未来也会产生巨大影响。在日益强调诚信的社会中，拥有诚实就拥有了一笔巨大的财富。

# 3. 让孩子学会遇事冷静

很多孩子都有做事急躁、手忙脚乱的毛病，常常一不小心就会把事情搞砸。对此，儿童教育专家提醒爸爸妈妈们：告诉孩子做事"不要急"，才能不断让孩子变得沉着、冷静、稳重起来。

## 故事坊

欣欣今年上小学了，是一个特别爱着急的小姑娘，做事时总是冒冒失失、毛手毛脚的，一不小心就会搞出乱子。一天，欣欣正在小区里玩，看到奶奶提着大包小包的东西从外面回来，就赶紧跑过去，想帮着奶奶拿东西。可是还没等奶奶松手，欣欣就抢过一个包，结果没拿好，包掉在了地上，里面的东西滚落了一地。看着地上的东西，欣欣急得大哭起来："我也不知道怎么搞的，一着急包就掉在地上了！"奶奶安慰欣欣说："好孩子，没事啊，以后做事的时候稳稳当当的，不要急，知道了吗？"欣欣听话地点了点头。奶奶拉着欣欣把地上散落的东西捡起来，又把另一个包递给了她。这次欣欣紧紧地抓住包，生怕再掉了。

6岁的强强做事时总是一副急不可耐的样子。老师在强强成绩单上的评语是：做事有点急，希望今后做事沉稳一点。有一次，妈妈叫在客厅看电视的强强帮忙端菜，强强蹦蹦跳跳地进了厨房，端起一盘菜又一路小跑出了厨房。不过还没走几步，就听见"哐当"一声，那盘菜就掉在了地上。妈妈看到自己辛苦做出来的一盘好菜就这样没了，干净的地板也弄得狼狈不堪，忍不住骂强强："笨死了！这点事也做不好，你说还能指望你做什么啊？"然后就愤愤然地收拾地上的菜和盘子。强强也没心思看电视了，一个人回到房间，偷偷地哭了。

孩子因着急而做错事，会感到很内疚，这时如果父母及时安慰孩子，能很好地缓和孩子内心的压力，让孩子放松下来，记住以后做事要沉稳、不慌不忙。可是，很多家长看见孩子帮"倒忙"，往往不能体谅孩子的感受，而对孩子发脾气。原本孩子是好心的，谁知却办了坏事，家长不思量孩子的动机和出发点而一味责怪，会让本就难受的孩子更加伤心。以后遇见这样的事情，孩子恐怕都不会积极张罗着要做了，更重要的是，孩子并没有找到自己会帮"倒忙"的原因。

孩子毕竟是孩子，成人眼里的简单事，在孩子看来并不是那么轻而易举就能完成的，所以他们经常因为冒失和鲁莽犯错，爸爸妈妈们面对孩子的"杰作"确实高兴不起来，不过如果能站在孩子的角度看问题，整件事情就会顺畅许多。

第一招：不要太强调孩子做事的速度。

很多家长都有过这样的经历，就是喜欢催促孩子："快点，就要迟到了，还那么磨磨蹭蹭的！""快点，给你半个小时把单词背完。""快点，来吃饭了。"家长不断地催促，孩子就不断地赶，慢慢地孩子在做事想问题时也只追求速度，而忽视了"稳"和"准"。当发现孩子有急躁的毛病时，不妨在一旁提醒："不要急，慢慢来。""想好了吗？想好了再做。其他的事情，我们一会儿再考虑。"让孩子懂得在做每一件事情之前，都要想清楚，做好一件再做另一件。

第二招：训练孩子的动手能力。

训练孩子的动手能力，是为了提高孩子身体的灵活性，父母平时可以安排一些，诸如拍皮球、穿珠子、拣豆子、系鞋带一类的，有助于培养孩子耐心的活动，这样能帮助孩子从容不迫地做事。

第三招：教给孩子一些做事的基本方法和步骤。

有的孩子很想帮爸爸妈妈做事，可是却不知道应该先做什么后做什么，常常把事情弄得一团糟。父母可以教孩子一些做事情的基本方法和步骤，如孩子自己穿衣服时，体会穿衣的顺序；搭积木时，引导孩子观察积木的大小形状，让孩子体会先放哪块后放哪块。让孩子学会按部就班地做事，孩子心里有了底，就不那么容易出错了。

遇事冷静，不仅能帮助孩子处理好生活中遇到的问题，而且将来孩子若想成就事业也需要冷静的头脑，遇事不急不躁，能冷静处置才能力挽狂澜，扭转乾坤。

# 4. 引导孩子勇于创新

## 故事坊

一

6岁的琳达是个漂亮的混血宝宝，她的妈妈是中国人，爸爸是德国人。现在琳达在德国上小学一年级。不知道妈妈是在哪儿听说女儿在学校学了一些手工编织和缝补课程之后，惊讶得说不出话来。在她看来，针是危险的东西，为什么老师要让小朋友自己缝纽扣，甚至缝制鞋袜和补衣服呢？

她带着点盾疑的口气问老公："你上小学时就开始学针线活了吗？"老公怔怔地望着她，似乎这个问题很匪夷所思，反问道："那你是几岁开始学的？"她有点心虚，回答："当然是十几岁呀！"老公说："小学时我就学会缝衣服了，很简单呀，全班都要学基本的针线功夫，这是学习独立的基本步骤。"

妈妈觉得既然女儿都已经练过针线基本功了，就决定教女儿玩刺绣，想借此打发女儿大约两个月的假期。琳达乖乖地坐在妈妈旁边，看妈妈示范基本的来回刺绣法。妈妈还用红色丝线绣了一朵梅花做样本。看了妈妈的样本，琳达一边拍手一边叫好。妈妈打算再给女儿示范一遍，可是刚要弄，绣盘就被琳达夺过去了。

琳达的针线活儿比妈妈想象的要好得多，一朵樱花绣成，还真是像模像样呢。妈妈惊呼："不得了！"接下来，琳达还大胆地绣了妈妈并没做示范的图案，同样有模有样，让妈妈兴奋地拍手叫绝。

二

儿童乐园里聚集孩子最多的莫过于滑梯了，孩子们一个接一个地跑上去，滑下来，玩得不亦乐乎。可是有个小男孩却连上都不敢上，甚至连上滑梯的台阶都不敢。好不容易被妈妈扶着上去了，可看着滑梯半天，就是不敢滑下来。最后，在一边的妈妈也失去了耐心，干脆抱着他滑了下来。而其他的孩子则玩得非常欢，还会变换不同的姿势滑下来，有躺着滑下来的、有趴着滑下来的，还有侧着滑下来的。家长们站在旁边，一点都不担心。他们说孩子很小就玩滑梯，已经熟得不能再熟了，创新一下动作和玩儿法也是常有的事儿，不会出危险。

假如鲁班当年没有上山砍柴，不会发现茅草的叶子长着锯齿，也就不会发明锯子。创新是建立在对事物了解的基础上的，没有了解，没有受到新事物的启发，根本不可能有创新的思维及创新的行动。

很多家长过于心疼孩子，捧在手里怕摔了，含在嘴里怕化了，生怕孩子受一丁点儿的委屈和伤害，所以，他们根本不敢过早带孩子接触新事物。宝宝对某件事物不了解，甚至连碰都没碰过，从不知道创新为何物，处理事情也只是按照经验一板一眼来做，当遇到紧急情况又怎么会灵活处置呢？

**亲子兵法**

如果你住在城市，不妨多带孩子去农村走走，让孩子摸摸家畜家禽，看看麦地稻田，闻闻青草野花香味，欣赏一下田园风光。如果你家在农村，可以多带孩子去城市，让孩子认识一下城市的建筑、交

139

通，听一下城市的声音，看一下城市里来来往往的人。认识的事物越多，想象的空间就越宽广，就越有可能触发新的灵感、产生新的想法。把孩子关在家里，写字、画画、背诗，这会让孩子成为书呆子。

☞ 小编赠语

家长们还可以鼓励孩子多进行创造发明，在一个个奇思妙想的包围下，孩子的生活会变得丰富多彩，孩子的思维也会变得更加活跃敏捷。

# 5. 教孩子做事果断，不能拖延

我们经常看到喜欢拖延的人，他们要么喜欢憧憬未来，可又觉得未来太遥远，而并不去努力；要么为错过了好的成功机会而喋喋不休；要么总是打算着要做什么事情，可是终究也不会做。他们常说："假若……我就会……"结果在不知不觉中变得懒惰。孩子要想将来成就一番事业，就要养成做事果断、不拖延的好习惯。

## 故事坊

一

"我回来了！"阿青刚进门就喊。胡乱地放下书包，他准备上会儿网。妈妈见了，问"作业做完了吗？"阿青说："还没，我先上网玩一会儿再写作业。"妈妈觉得孩子的要求并不过分，就说："那玩一会儿要记得写作业啊。"

可是，一个小时过去了，妈妈发现儿子还在兴致勃勃地聊天。妈妈有些生气了，"再这样拖下去，什么时候能写作业啊。"于是她走到阿青身边说："玩了一个小时，也该写作业了，再拖下去该做不完了。"阿青还想辩驳，妈妈狠狠地瞪了他一眼，说："还不快去，写完作业再玩。"就这样，阿青乖乖地去写作业了。

　　该睡觉了，妈妈催阿青早点休息，阿青不愿意，说："再玩一会儿嘛，晚睡一会儿也没关系。"妈妈脸一拉，说："如果你觉得今天晚睡 10 分钟没什么，那明天再晚睡 10 分钟也会觉得很正常，后天晚上呢？再后后天晚上呢？"妈妈说这就叫拖延，不同的时间段有不同的事情要做，把这段时间浪费掉了，不但做不完这段时间里的事，还会影响到下一段时间内的事。阿青觉得妈妈说得很对，于是乖乖睡觉去了。懂得了不能拖延的道理。

　　二

　　小凯的起床问题让妈妈很是头疼。小凯虽然今年已经 7 岁了，也上了小学一年级，可是生活习惯却没有随着年龄的增长而变好，每天早上妈妈叫他起床都得用二三十分钟。小凯妈妈说："孩子每天晚上 8：30 就睡了，一睡一晚上都不醒，等早上 6：30 叫他起床，叫醒了，就是在床上躺着不动，赖着不起。不管怎么说都没用，每次都得把他抱起来，给他穿上衣服。这样他才不会躺下去。"

　　记得有一首小诗叫做《钉子》，里边说：丢失了一个钉子，如果不及时补上，则会坏了一只蹄铁；坏了一只蹄铁，如果不及时修好，就会折了一匹战马；折了一匹战马，伤了一位骑士；伤了一位骑士，输了一场战斗；输了一场战斗，亡了一个国家。对孩子而言，拖延让孩子养成懒惰的坏习惯，而懒惰又让孩子失去果断行动的能力，最后孩子的生活将一塌糊涂。所以，要让孩子养成今日事，今日毕的习惯。

**亲子兵法**

很多家长都为孩子做事拖拖拉拉头疼，无论是洗脸刷牙，还是穿衣戴帽，总要磨一磨才行。孩子没有时间观念，不妨给孩子准备个小闹钟试试，可以让孩子自己去挑选，到家设定自己喜欢的铃声，当孩子早上听到闹钟响起自己喜欢的铃声时，就不会有强烈的不满了。

家长还可以借助小闹钟，让孩子明白1分钟的意义。如把时间量化，告诉孩子1分钟等于60秒，相当于秒针转一圈。还可以让孩子把时间和生活联系起来，比如让孩子想想1分钟之内能做什么，孩子可能会说喝水、上厕所等，从而加深孩子对时间的理解。不过最后要告诉孩子，1分钟很短，时间过得很快，要珍惜时间，行动要果断，做事要提高效率。

☞**小编赠语**

闹钟虽小，却可以帮助孩子更好地认识时间。把闹钟放在孩子面前，让孩子看到时间的流逝，比枯燥的说教，更让孩子记忆深刻。

# 6. 让孩子正视自己的缺点

## 故事坊

一

主教要求神父卖出1000本《圣经》，神父想："我自己只能卖掉大约三百本，这样的话，剩下的700本，需要另外我几个能干的小男孩帮忙。"对于"能干",神父是这样理解的:口齿伶俐,言辞美妙,能让人们愿意购买《圣经》。于是,神父按照这样的标准,找到了两个小男孩。这两个男孩都觉得自己可以轻松卖掉300本《圣经》,不过,还有100本没有着落。为了完成任务,神父降低了标准,找到了第三个小男孩,不过这个小男孩口吃很厉害,所以神父给他的任务是尽量卖掉100本《圣经》。

5天过去了,那两个"能干"的小男孩回来了,他们告诉神父说:"情况很糟糕,我们俩一共只卖了200本。"为什么两个人只卖掉了200本《圣经》呢?神父觉得不可思议。正在发愁的时候,那个口吃男孩也回来了,他卖光了100本《圣经》,而且还带来了一个令神父非常激动的消息:有个顾客愿意买他剩下的所有《圣经》。这意味着神父可能卖掉超过1000本《圣经》。

神父彻底迷糊了,自己看好的两个小男孩让自己很失望,而当初根本不指望的小结巴却成绩斐然。神父问小结巴:"你讲话结结巴巴的,怎么能这么顺利就卖掉所有的《圣经》?"小男孩结结巴巴地说:"我……跟……见到的……所有……人……说,如……果不……买,我就……念《圣经》给他们……听。"

二

小军是小学五年级的学生,成绩在班里一直很好,所以不免有点骄傲。在学校,小军不仅自负清高,听不进别人的批评和意见,还不太愿意跟成绩差的同学一起玩,甚至对老师都不太尊敬,觉得老师的水平也就那样,自己自学都能学到很多知识。

有一次,小军因为玩过头了而没及时完成作业,妈妈批评了他,小军不但不听,反而和妈妈争执起来。这时候爸爸回来了,心平气和地对他说:"有人批评你,并不是他看不起你,而是希望你进步。如果不批评你,你不会怨恨他;而批评你,你则会怨恨他。结果他选择了批评你,是因为他希望你进步。爸爸妈妈也是这么希望的。"

小军听了惭愧地低下了头,后来,他开始接受别人的批评,骄傲的

*毛病也就慢慢改了。*

小男孩知道自己的缺点就是口吃，当他正视了这个问题，就将弱势变成了优势。尽管顾客们都很害怕听一个结巴读上一段《圣经》，但这却是一个虔诚的教徒所不能拒绝的，于是他的《圣经》卖得最多。在卖《圣经》的过程中，有位顾客为他的精神所打动，打算买下所有剩下的《圣经》，帮他渡过难关。有的时候，缺点不一定是件坏事，如果运用得当，就能把缺点变成优势。

批评往往直指一个人的缺点，如果一个人能够接受批评，他就能够清楚地看到自己的缺点。而只有正视了自己的缺点，才能慢慢改正，不至于在成长的路上摔跟头。

## 亲子兵法

别人的批评，是认识自己缺点的最直接方法，要让孩子正视自己的缺点，就需要让孩子学会接受别人的批评。

第一招：让孩子不必对批评大惊小怪。

教育孩子虽然要坚持以鼓励为主，但不妨既让孩子听到"正面"的肯定，也让他听到"反面"的批评，让他知道从来就不会只有赞赏。不过，批评时要语气温和，分析中肯。比如，孩子不按时睡觉，父母就可以说："昨天宝贝很乖，知道按时睡觉，今天怎么不乖了呢?"有意识地"引进"批评可以帮助孩子体会到批评和表扬同样常见。

第二招：要求孩子冷静处理批评和意见。

教育孩子在听完别人的批评和意见后，学会冷静地思考，分析出合理的批评和意见。冷静处理并不是对别人的批评和意见保持沉默，目的是让孩子虚心接受其中的合理成分，并找出改进的办法。

第三招：让孩子认真倾听批评的声音。

只有认真倾听，才会明白批评是否有道理，才能虚心接受。所以，无论批评多不中听，都要要求孩子认真倾听。因为这既是对别人的尊重，也是自我完善的需要。

第四招：让孩子学会向提出批评和意见的人道谢。

如果孩子能够对批评自己的人表示感谢，那么不仅能传递出孩子的虚心和诚意，还能很快修复两个人的分歧。下次对方还会愿意给孩子提出批评和意见，有利于孩子不断完善自己。

☞ 小编赠语

如果孩子能学会"善待"批评和意见，那么批评和意见完全可以像表扬一样，促进孩子的成长。

145

## 第六章　与孩子一起造就文化品格

有个语文老师在课堂上公然表扬了一个孩子，说他很有气质。很多同学捂着嘴偷偷地乐，老师看了，接着说："大家别笑，他眉宇间有脱颖而出的东西。"之后，同学们有意无意地想从他的额头看出些什么来，然而除了光光亮之外，什么也没有。许多年之后，这个孩子果然功成名就，他举手投足之间，赫然有着许多年前难以发现的东西。

# 1. 家庭环境影响着孩子的文化气质

## 故事坊

小光小时候，妈妈让他拿东西时，只要说"拜托你了"，小光马上就会去做。可是现在，有时小光会说："妈妈完全能自己去做。"妈妈告诉小光说："小光有很多事做不了，需要妈妈帮着做，可是妈妈要做饭、洗衣、照顾小光、陪小光玩，还要工作，很累。小光懂事地点点头。但妈妈还告诉小光，只要是自己能做的就不要麻烦别人，否则当你最需要帮助的时候，人家就不愿意帮你了。一般情况下，人们在实在没办法时才求人，一方面不想给别人带来麻烦，另一方面也怕别人拒绝。但是如果碰到别人有麻烦，可要主动帮助他，不能拒绝别人的请求。"妈妈还时不时帮助陌生人和邻居，对小光的影响也很大。

家庭环境对孩子的影响非常大，鼠窃狗偷的家庭，很难造就孩子坦荡荡的君子品格；小肚鸡肠的家庭，也很难培养孩子大气外扬的气质。所以要想培养出有优秀气质的孩子，需要为孩子营造优秀的家庭环境。

## 亲子兵法

第一招：让孩子举止得体。

言为心声，语言是孩子与他人进行交流的必要途径。因此，对孩子谈吐的培养不能忽视。父母是孩子学习语言的第一任老师，千万不要让父母的脏话从孩子的口中说出来。

倾听是对说话人的尊重，在培养孩子谈吐的同时，也要让孩子明白倾听同样重要。这样一来，家长们要给孩子做出表率，让孩子在一个礼貌得体的环境中成长。

衣着是优雅气质不可缺少的部分，得体的衣着不仅要求孩子穿着要整洁大方，而且要跟自己的年龄及身份相配。

第二招：让孩子有种浪漫的情怀。

所有浪漫的情愫都源于对生活的热爱。家长们在生活中，要给孩子创造更多体验生活的机会，让他体会到生活的乐趣，感受生活的美好。这样才能让孩子大胆地去憧憬和实践更加美好的生活。家长自己也要多体会生活中的美，这样孩子的成长环境才能和谐统一，才能真正影响到孩子，孩子才能生出浪漫情怀。

第三招：成就孩子豁达洒脱的个性。

生活在喜欢斤斤计较的家庭中的孩子，长大后很难成为一个洒脱的人，也很难会有大的成就。所以，父母要从小就让他懂得鱼和熊掌不可兼得，让孩子学会放弃。

🖙 **小编赠语**

孩子气质的形成跟家庭环境有很大关系，家长们可要注意啦，营造什么样的家庭环境就会造就孩子什么样的气质。

# 2. 孩子会复制父母的气质

家庭和父母的言行对孩子的影响是最关键的，父母的言行都会在孩子的脑中留下深刻印象。家长们都赞成和支持幼儿园对孩子们进行礼貌用语教育，可是现实生活中，有的家长自己都做不到这一点。

有一次，幼儿园里有两个小朋友在玩游戏时发生了点小摩擦，在老师的引导下，两个孩子又和好如初了。可是，孩子家长却为了各自的孩子，当着孩子们的面发生了口角。这让两个孩子感到不知该怎么办才好。

## 故事坊

### 一

乐乐的爸爸性格很懦弱，遇到事情最先想到的就是怎样逃避。最近家里装修，可刚装好的天花板直掉粉。妈妈生气地要爸爸去找装修公司返工。可是爸爸却小声地嘟囔："别去找他们了，咱自己修修不就好了。"这让妈妈更生气了，说乐乐爸爸没有男子汉气概。在爸爸的影响下，乐乐也变得唯唯诺诺，不敢做、不敢说，即使受到欺负也不作声。

在学校，他常被几个高年级的学生欺负，前几天，他们让乐乐去买吃的，乐乐不去，那几个同学就打了乐乐。虽然身上很疼，心里很委屈，可是乐乐还是没有还手反抗。回家后，妈妈看见他身上的伤，问怎么回事，乐乐一直不肯说。因为害怕妈妈去找老师，那几个同学再报复。

乐乐妈妈觉得很痛苦，如果孩子的爸爸勇敢一些，孩子也不会被爸爸影响成这样了。

二

凡是见过赵康的人，都说他透着股文质彬彬的气质。这跟从小到大爸妈的影响教育分不开。在早期教育当中，赵康的父母除了开发他的智力、增加灵气、培养能力之外，也对他进行着文明行为的训练。他们希望培养的孩子不仅要聪明，而且要有内涵。从赵康学会说话，能够听懂一些简单的提示和要求时，他们就有意识地在各种场合下，告诉他应该怎样做。比如早晨离开家时，要和家里人说"再见"，到了幼儿园要问"阿姨好""小朋友好"等等。他还跟医院里的护士学会了分辈儿，当他准确地称呼"爷爷""奶奶""叔叔""阿姨"时，那稚声稚气的样子着实惹人喜爱。

其实，赵康父母的这些教育，许多父母都做了。为什么有的效果差些呢？原因有两个：一是不能一以贯之地坚持下去；二是父母对孩子要求是一回事，自己却未能以身示教，使孩子感到迷茫，不知如何是好。

阳刚之气也是自身气质的一种体现，不是外表可以装出来的。孩子受家长气质的影响，也不是一朝一夕的事情。要培养孩子的阳刚之气，需要家长的正确引导。

**亲子兵法**

孩子的早期教育多数是由妈妈来负责的，孩子有可能会模仿妈妈的言行，变得乖巧、循规蹈距，不过男孩儿可能会因此而缺乏动手能力和应有的阳刚之气。这时，爸爸要参与到教育孩子的过程中来；多鼓励孩子自己动手实践，跟孩子一起游戏，教孩子如何对待生活中遇到的困难和挫折。

**小编悟语**

孩子的气质是对父母气质的复制，家长们要给孩子做好榜样。

# 3. 学校也会影响孩子的气质

气质渗透和围绕着我们的身体，尽管它看不到，很微妙，但仍存在于精神世界和人文世界。气质是我们自己真正的本质，它反映出我们的精神、身体和情感是否健康，这些有点虚无的东西也受到学校环境的影响。

## 故事坊

英国是世界上最早大学的诞生地，直至今日，世界上最具贵族气质的两所大学仍是在英国，它们就是牛津和剑桥。这两所大学，虽然在学术上都实力雄厚，但这并不是它们建校的宗旨。它们建立之初，并不是为了培养具有某专业知识的人才，而是为了培养适合于某种特殊社会阶层，有特殊文化身份的精英，也就是所谓的"英国绅士"。

为塑造"英国绅士"的形象，从自然资源到人文资源，学院的每一个部分无不调动起来，形成一种整体而又和谐的文化氛围。从总体上看，剑桥大学的所在地是英国最漂亮的地方。从市中心向南步行不到十分钟，那一片广阔的草地就是驰名剑桥的格朗彻斯特草坪。往远处可望见在层云覆盖下起伏的丘岗。

从建筑上来说，每一个学院都是一个独立的建筑群，风格各异。学院的每一个地方也都可讲出一段长长的历史，学院里的每一个活动也都好像自然地与学院的总体气质相匹配。三一学院的厚重沉稳，似乎象征博大精神；国王学院的华贵雍容，像是诉说着曾经的显赫历史；而圣约翰学院的文雅清秀，似乎与其历史上多出诗人、文学家的院风相符。在学院餐厅的墙壁上，挂着各式的名画，连灯光都很考究。

各学院除了单独营造自己的学院风格外，还常在一些规模更大、级别更高的层次上联合起来，形成一种跨学院的文化单位，以达到对学生的范围更加广泛、韵味更加高雅的气质教育。最典型的是成立各式各样的博物馆，其中最著名的是菲兹威廉博物馆，虽然只有不到五十年的历史，却已成为世界上屈指可数的大博物馆。馆内甚至分设了如莫奈、塞尚和凡·高等人的专厅，在静谧的展厅内，和谐的灯光下，大师的作品就那样静静地呈现在你的面前，展示着它们迷人而又神秘的魅力。

## 亲子兵法

好的学校能培养孩子形成好的气质，无论是学校文化、建筑风格，还是学校组织设置，都将对孩子产生莫大影响。无论你是否能感觉到它，这种影响都早已包围了你的孩子。所以这也是很多家长希望能给孩子找一所好学校的原因。

## 小编赠语

孩子气质的形成，是由很多因素造就的，但是学校的影响不可忽视，可见，家长为孩子选择好学校还是非常有道理的。

# 4. 腹有诗书气自华

影视表演艺术家周洁曾说:"经历过风雨后的人们应该有生活的智慧,懂得适当地精心修饰自己,不一定花很多钱堆砌自己,只要有独特的味道就会很美。而这种独特的味道在于一个人修养的体现。现代人更需要一种美的力量,这种力量正是知识背景下的气质力量。"

气质不是与生俱来的,不是做作地装出来的,也不是靠漂亮的衣服打扮出来的,更不是刻意强求得来的,它是"发诸内,形乎外"的东西。

## 故事坊

李清照是宋代著名女词人,无论是在她饮酒、赏花、踏雪、斗茶、题诗,幸福地过着无忧无虑的生活的前半生,还是在她命途多舛、愁肠百结、家愁国愁绵密交织的后半生,她的身上始终都有一种清丽的风雅之气。她温婉多情,又才华横溢,一部《漱玉集》、一篇《词论》,让她在那个时代足以颠倒众生。尽管她的才智聪颖和殷实家产,注定了她后半生的凄苦飘零,但是无论世事如何多艰,那风雅之气都挥之不去,并打动着一代又一代人。

李清照,优雅含蓄,以玉为骨,虽然身世飘零,但生命却充实、丰盈,散发着迷人的韵味。

## 亲子兵法

古人说:"腹有诗书气自华",是说才情绝高的人,即便身着布衣长衫,周身也能散发出温文尔雅的气质。所以说,一个人的气质与他的修养关系密切,脾气暴躁的人,动不动就跟人张牙舞爪,怎么谈得上温文尔雅？因此，家长在培养孩子时，要鼓励、督促孩子多读好书，注意提高孩子的修养，这样才能丰富孩子的内涵，凸显孩子的气质，培养出温文尔雅的气质性格。

☞ 小编寄语

　　记得《红楼梦》香菱学诗一节里，黛玉对香菱说："熟读唐诗三百首，不会写诗也会吟。"孩子气质的修养也是这样，读诗能带给孩子温文尔雅的气质，闲暇时候不妨让孩子读点诗，可以陶冶一下情操。

# 5. 让孩子存一腔浩然正气

　　孟子说："吾善养吾浩然之气。"浩然之气是一种信念，一种对待生活对待人生的信念，它至大至刚，所以有孟子《将朝王章》对齐王的非礼之召给予回击，表现出傲岸的个性。孟子虽然不视金钱如粪土，却也不追财逐利，而是清醒地认识到"万钟则不辩礼义而受之，万钟与我何加焉？"孟子之后，很多文人舍身取义，杀身成仁，一身凛然正气，那是一个时代的精神灵魂。

　　"君子坦荡荡，小人常戚戚。"心中保存着正气，就能长留翩翩君子风。培养孩子养成君子气质，就要让孩子心中存一团正气。

## 故事坊

　　某天，爸爸问孩子："关于生命，你怎样解释呢？"孩子回答："我觉得很虚无，也很脆弱。"爸爸接着问："你实实在在地活着，怎么能说虚无呢？"孩子哑口无言。

很多人都感到生命的迷茫和脆弱，当某次问到一个即将毕业的大学生时，她说："我不知道毕业后想干什么，能干什么，所以我选择读研。"人们对教育不满，原因非常复杂，有人说："我越来越觉得学历是个垫脚石了，我很困惑，这样的教育下出来的人才，究竟能不能适应社会的竞争？"也有人说："读书成了我的目标，现在我只是为读书而读书。"

很多人对生命和生活都很困惑，人们只感觉到累，越是年龄大的学生越是如此。大学里，学生们只顾着恋爱、上网、学习。每天的行程排得满满的，可是忙归忙，到头来还是只感觉到生命的困惑，一闲下来就感叹生命的虚无与脆弱。其实，他们之所以会困惑，是因为缺一股气，一股浩然之气。有人说："生命没有一股浩然之气，便如哲学不踩在科学和艺术的肩膀上，就会倒下来一样，没有高度，只是空的哲学。"

成年人对生命是困惑的，这一点也传染给了年幼的孩子。近年来，少年儿童道德修养缺失问题越来越热，原因固然有教育的偏失，而社会"正气"的不足才是根本。少年儿童是社会"元气"之所在，因而应该从小就给少年儿童注入一种充满正气的道德元素，

## 亲子兵法

中国古人十分注重修身养性，有"读书养心"的说法。书启迪心灵，如果能心领神会，能让人养成一腔灵秀之气、浩然之气。小孩子就像一张白纸，画什么就是什么，我国古人讲究"童蒙养正"，近些年，随着人们对我国传统文化的重新认识，人们开始越来越重视传统文化，而越来越多的学者也认为，中国传统文化是中华民族的根本精神，是民族"正气"的所在，"问题少年""不良少年"的增多，盲目追逐西方是原因之一。所以，家长们不妨让孩子多读一些传统经典，比如《三字经》《千字文》《颜氏家训》《幼学琼林》等。

人们常说的 3 岁定终身，其实是有科学依据的。根据人的脑科学原理，人 0~3 岁是养性的阶段，所以我们要在 3 岁之前把最美好的东西注入进孩子的脑中。3~6 岁要涵养孩子的正气，13 岁要培养孩子的志气。13 岁之前，孩子虽然理解力差，但是记忆力很强，要在孩子记忆力最好的阶段，把最真、最善、最美的东西注入他的脑海。

# 6. 孩子羞怯胆小， 怎能气质阳刚

每个人都有自己独特的气质，有的人沉默，有的人开朗，有的人沮丧，有的人乐观……每个人所具有的气质各不相同，而且气场也有强弱之分。当你面对某全球企业的 CEO 或某女国家元首时，你将会发现在他们独特气质之外，还散发着很强的气场，以至于你有时很难集中精神听他讲话。

## 故事坊

明明是个男孩， 不过没什么主见， 总是对别人唯唯诺诺的， 一点男子汉气概都没有。 这让爸爸很头疼。 明明小时候， 爸爸在国外进修， 他跟着妈妈和奶奶长大。 妈妈很疼明明， 生怕他受委屈， 明明的所有事情妈妈都会帮他搞定。 妈妈对明明照顾得细致入微， 怕孩子出去遇到危险， 于是就很少允许明明自己出去玩。 妈妈主宰、 左右着明明的一切， 这就导致了明明做事没有主见， 对别人言听计从， 事事依赖妈妈， 还常常哭鼻子的性格。 爸爸回来后觉得明明的问题很棘手， 想方设法教明明做各种训练， 希望能塑造他的阳刚之气。

**亲子兵法**

现在很多男孩子都是阴柔有余，阳刚不足，这跟教育环境和成长环境有很大关系。想塑造孩子的阳刚之气，爸爸们可不能闲着了。

第一招：爸爸自己要阳刚。

男人，本身就有阳刚之气，对孩子有潜移默化的影响。不过，有些爸爸的阳刚之气不是很充实，只有具备阳刚气质的爸爸才能给孩子带来好的影响。所以在生活中，爸爸要注意个人形象和做事的风格，为孩子展示阳刚的一面。其实，在家庭教育中，妈妈往往扮演主要的角色，爸爸对孩子的教育经常会缺失。但是妈妈的性格弱点会影响孩子，不利于培养孩子的阳刚气质。因此，爸爸要注意深化自己的阳刚气质，并以此教育孩子。

第二招：健康的身体对阳刚气质来说很重要。

健康的身体是孩子阳刚的外在标准，而且在充满竞争的社会，健康的身体是孩子风度的来源。所以，爸爸要注意孩子发育期的饮食营养，鼓励孩子多出去锻炼或参加社会活动，给孩子一个强健的体魄。爸爸还要为孩子在创造运动的条件，细心观察孩子喜欢哪种类型的运动，引导孩子对之产生兴趣。

第三招：尊重孩子的意愿。

让孩子具备阳刚之气，就要给孩子充分的自由，鼓励孩子有自己的想法。只是爸爸一般都比较强势，很多爸爸喜欢让孩子按照他们的意愿行事，这样会造成孩子没有个性，缺乏主见。所以，爸爸们不要排斥孩子的个性发挥，当孩子想按照自己的想法做的时候，不妨鼓励他们一下，让他们试一试，为孩子提供足够大的精神空间，便是为孩子的阳刚之气提供养分。

第四招：让孩子勇于面对困难。

孩子在长辈的溺爱中长大，心理素质一般较差，所以，现在很多孩子都不敢面对挫折和困难。这时，爸爸不要把什么都替孩子做好，要给孩子独立面对挫折和困难的机会，只要在旁边恰当指导就行了。有意识地帮孩子树立坚强的意志，才能渐渐培养起孩子面对困难挫折的信心和勇气，克服软弱的性格。

第五招：爸爸要抽出时间多跟孩子相处。

在培养孩子的阳刚气质方面，爸爸教育孩子比妈妈教育孩子更具优势，所以，爸爸们即使工作再忙，也要抽出时间跟孩子相处。爸爸可以常带孩子接触外面的世界，跟孩子一起玩，在玩闹中锻炼孩子的阳刚之气。

☞ 小编赠语

爸爸们通常工作都很忙，但是不要因此而疏忽了对孩子的教育，男孩子只有多跟爸爸亲近，长大才能是个有阳刚之气的男子汉。

# 7. 孩子小肚鸡肠， 与大气无缘

在气质教育中，父母不妨在传统文化上提炼一系列精神文化资源，比如修身、齐家、治国、平天下的人格思想。大气是一种胸怀，跟身材样貌、财富多寡无关，它怀揣天下苍生，就像屈原"路漫漫其修远兮，吾将上下而求索"一样。

## 故事坊

相传，寇准出任宰相时，有个叫张咏的人在成都说了这样一句话："寇公奇才，惜学术不足尔。"后来，机缘巧合二人在陕州偶遇，寇准很热情地招待了张咏。临别时，寇准送他到郊外，并诚恳地问：

"有什么教导我的话吗？"张咏听了，慢吞吞地说："《霍光传》是不能不看的。"寇准当时没明白是怎么回事儿，两人便匆匆分别了。寇准回住所后，拿出《霍光传》来读，只见书上有这么一句："赞曰……然（霍）光不学亡术。"寇准笑了，说："这就是张咏要对我说的。"寇准胸怀宽广，虽然被地位低的张咏直戳短处，可是却未怀丝毫忌恨之心。这就是"闻过则喜"的故事，被传为千古佳话。

有的孩子气量很小，他的东西，绝对不肯给别人，甚至连碰都不让别人碰。孩子气量小的原因主要在于家长的影响和教育。如家长为孩子买了件新玩具，就对孩子说："别让弟弟看见了，要不他会要你的玩具的。""不要带到幼儿园去玩，别人会弄坏你的玩具的。"于是孩子就悄悄地一个人玩玩具。这类事情对孩子的影响很大，有的家长看到自己的孩子气量小，还当着众人的面说："我家的孩子气量真小，谁也别想要到他一点儿东西。"这种话与其说是埋怨，倒不如说是赞赏，与其说是在数落孩子，倒不如说是在表扬孩子。孩子听了这话，自然不会认为气量小是不好的。

## 亲子兵法

家长的言行对孩子的影响和教育大有关系，平时要多引导、鼓励孩子做事时想到别人，比如有了好吃的，想着分给别人一点；有了好玩儿的，想着跟别人一起玩儿。当其他小朋友过生日时，家长不妨让孩子带去一点小礼物。而且，家长还要用自己的言行给孩子作出榜样，对人要宽厚、大方，以此去感染孩子。

大气不是天生就有的，小气也不是天生就那样，家长们只有正确引导孩子，孩子才能形成优秀的文化品格。

第二部分　给孩子什么样的未来

# 第三部分　被遗忘的那些留守孩子

　　"留守儿童"，是近年来人们使用频率很高的一个词语，他们的父母去外地打工，一年也许才见一两次面，他们就像是被遗忘了一样，独自生活，独自开心，独自伤悲。

## 第一章　孩子们不愿独自留在家里

跟孩子最亲近的是父母，在孩子难受、受伤、开心、担忧的时候，他们最希望的是靠在父母的怀里。说是安慰也好，说是寻求支持也罢，总之他们不愿意独自一人。

# 1. 留守孩子需要爸爸妈妈

父母亲情是儿童心理健康发展的根本，这是任何事物都无法代替的。然而，现在很多外出务工的父母们，因为没有教育知识和教育经验，很少关注孩子的学习和心理。留守孩子常常会因为想念父母，而产生强烈的不安全感，也常常会由于生活和学习上的种种挫折而感到非常无助。他们需要爸爸妈妈的呵护，需要爸爸妈妈的安慰。

## 故事坊

小华的家本来非常温馨，可是自从上小学三年级那年父母外出打工后，他就只能和年迈的奶奶在老家相依为命，没有了原来的幸福。奶奶年纪大了，耳朵不好使，可怜的小华平时连个说话的人都没有。他实在太孤独了，太想爸爸妈妈了，夜深人静时，他只能蒙着被子偷偷地哭。他多想像从前一样赖在妈妈的怀抱里撒娇，多想跟爸爸一块儿玩"骑大马"……可这一切现在只能想想罢了。爸爸妈妈已经离家打工三年了，可是在这三年时间里，他们都没有回家看过小华一次。

一转眼，小华已经上六年级了，他现在最大的愿望就是爸爸妈妈能来参加自己的毕业典礼。让小华意外的是，爸爸竟答应了，小华开心得像是能飞起来，他盼望着被爸爸妈妈搂在怀里的那一刻。时间过得很快，离小华毕业还差一周了。这天，他接到了爸爸从外地打来的电话："乖儿子，我可能不能回去参加你的毕业典礼了……厂里要赶一批货，我不能请假，请假的话这份工作可能就没了，没了工作，还怎么供你上学呀？所以……"爸爸在电话里无奈地解释着。

听到这儿，小华已泪流满面，他多日来的等待和期盼成了泡影，他冲着电话大喊："骗子，爸爸是骗子，我讨厌你……"说完后，他重重地挂掉了电话。

或许爸爸根本不知道，孩子的心已被他伤得鲜血淋淋，而且这伤害会伴随孩子很久，很久……

每个留守家庭的孩子都和小华一样，希望有一个完整的家，能天天跟父母在一起。看到别的孩子放学后能高兴地回家，就更加深了对爸爸妈妈的想念。而在遇到生病，或者跟小朋友闹别扭时，就尤其希望爸爸妈妈在身边。留守孩子常常会因为一心想念父母，而做什么事都不能安心。如果父母继续对他们的要求不理不睬，他们很可能就会产生难以愈合的心理障碍。

## 亲子兵法

第一招：家长要加强跟孩子的沟通，让孩子体会到父母的爱。

父母要把孩子的成长和教育放在第一位，尽量留一个人在家照顾孩子的学习和生活，如果两人都外出打工，最好把孩子带在身边，以便照顾和教育。很多时候，在外务工没有条件带孩子，如果是这样的话，必须加强跟孩子的沟通，最好能每周跟孩子通一次电话。如果条

163

件允许，可以在一个学期中间回来一次，到寒暑假时则把孩子接到身边。这样一来家长跟孩子沟通的时间和机会就比较多，并且有一定的连贯性了。另外，跟孩子的交流不能只谈学习，还要关心孩子在生理、心理与情感等方面的问题。

第二招：留守孩子的临时监护人必须转变错误的教育观念。对孩子不能只停留在人身安全和吃饱穿暖上，还要特别关注他们的心理健康。

### ☞小编赠语

每个孩子都希望有个完整的家庭，可以在父母的呵护下长大，尽管留守家庭的爸爸妈妈们是不得已才离开孩子，但是也要注意给孩子足够的安全感，这样孩子才能健康成长。

## 2. 父母不在，留守孩子心里没底

留守孩子往往内心比较脆弱，所以家长和临时监护人在保护孩子安全的同时，也要培养孩子的坚强意志，以及自信心和自尊心，让他们积极向上，觉得"别人能做到的，自己也能做到"。

### 故事坊

小英的爸爸妈妈在她上小学二年级时就去外地打工了，从那时起她就被寄养在叔叔家。从小寄人篱下，使得小英的内心非常敏感，性格很自卑，她总觉得自己不如别人，在同学和亲戚家孩子面前抬不起头。小英上五年级的时候，班主任把她叫到办公室，对她说："我想推选你当班长。"小英一听就哭着拒绝了，老师觉得很纳闷，就问为什么。小英委屈地说："我放学后要帮姐姐照顾小弟弟，要是当了班长，我就更没时间学习了……而且我的性格不像其他同学那样开朗、活泼，有时都不大敢在大家面前说话。您说像我这样的人怎么能当班长呢？"

小英的一番话让老师很惊讶，她从来没想过平时诚实、稳重的小英，竟是这么自卑。老师温柔地对小英说："你是个好孩子，所以老师才会想到让你当班长。可是你为什么对自己这么没信心呢？"

"我……我真的不行，老师您还是别勉强我了……"小英用近乎哀求的口气说。老师看着闪着泪花的小英，鼓励说："好吧，你要记住，尽管你没有生活在父母身边，可你仍然是个懂事的孩子。"

"嗯。"小英点了点头，随后便匆匆地离开了办公室……

留守孩子有自卑心理是比较常见的现象，有一份调查说，17.91％的留守孩子总是害伯被人欺负，内心压力很大。亲情的缺失，监护不周、重养轻教，让绝大部分留守孩子都有比较严重的自卑感。

### 亲子兵法

要想从根本上消除留守孩子的自卑心理，家长和临时监护人需要认真对待了。

第一招：弄清留守孩子自卑的原因。

大部分留守孩子感到自卑，是因为自己生活在缺乏亲情的留守家庭。由于爸爸妈妈对他们来说只是个称呼，缺少真正的关心，让他们在别人面前觉得抬不起头。所以，父母和临时监护人要让孩子明白，尽管自己长在留守家庭，但不比任何人差。

第二招：帮助孩子树立自信心。

临时监护人要善于发现孩子的优点，并时时表扬孩子，让他相信自己的才能，这样，他就会引以为傲，自信心也会逐渐建立起来。

第三招：家长和临时监护人要锻炼孩子的意志。

让孩子在失败和挫折面前不再畏惧，而失败和挫折反而成为激励他前进的动力。有了这种向上的积极性，孩子就会在生活中勇敢起来。

☞ 小编赠语

孩子的自尊心和自信心很脆弱，父母的离开会让孩子对自己产生怀疑，这让孩子极易有挫折感，所以外出务工的家长们要注意给孩子鼓气，让孩子心里有底。

# 3. 留守孩子心中那抹不去的恨意

父母跟孩子之间本应该是最亲密的，可是是什么让孩子对自己的父母怀恨在心？

## 故事坊

小望书4岁时，父母便去地打工了。在小望书的记忆里，几乎没有留存关于爸爸妈妈的画面。曾经有一段时间，他觉得自己是个孤儿，无父无母，只身在这个世界上飘零。直到他上了小学，有一天，爷爷把他带到一个叔叔跟前，告诉他："这是你爸爸。"那一刻，小望书才知道到自己不是孤儿，是有父母的。尽管这样，父母对于他来说仍只是一个代号，因为，他们除了按月给家里寄生活费外，没有给过小望书任何关爱。日子一天天过去，小望书长大了，尽管没有父母疼爱。这个时候的小望书不像小时候那样还对他们有些许期盼，现在的小望书对他们只有恨，他恨他们的狠心，恨他们为什么不把自己带在身边，恨他们没有对自己的成长负责。

那年春节，小望书的父母终于回家探亲了，可小望书却在给他俩留了张字条后，离家出走了。

"……你俩别以为回家看我一次，我就必须得喜出望外。你们这些年来除了给我寄点臭钱回来，几乎对我不闻不问，你们尽到为人父母的责任吗？我恨你们，打心眼儿里怨恨你们。你们把我生下来，却没有好好把我养大，如果可以选择，我真希望别出生在这样的留守家庭。你们知道作一个留守孩子有多少委屈吗？知道我这些年来流过多少眼泪吗？我恨你们，恨极了……"

留守孩子渴望的亲情往往得不到满足，看到周围的伙伴与父母幸福地生活在一起，就会开始怨恨外出的父母，怨恨自己的出生，甚至开始怨恨别人，自暴自弃，放弃学习，成为"问题孩子"。很多留守家庭都是因为家里太穷，父母才出去打工挣钱的，然而有些留守孩子并不能理解这一点，由此产生了怨恨。

## 亲子兵法

要让孩子转变怨恨父母的态度，还需要父母和临时监护人的共同努力。

第一招：父母要多跟孩子联系，尽量多地创造条件跟孩子在一起。

跟孩子交流时，应该摆正孩子的是非观，父母不是不爱他才把他一个人留在家里的，而是为了给他创造更好的生活、学习条件才出去打工的，尽管父母不在孩子的身边，但是对孩子的关心和爱从没间断过。另外，父母还要告诉孩子外出打工的艰辛，教育孩子要像爸爸妈妈那样不怕吃苦，要为父母感到自豪。寒暑假的时候，家长不妨带孩子参观一下自己的打工地点，让孩子切实感受一些会更容易理解父母。

第二招：父母应加强跟老师和临时监护人的联系。

留守孩子的父母应该明白，不管自己身在何处，都应积极关心自己孩子的教育问题，让孩子能更健康地成长。

第三招：临时监护人要多跟留守孩子谈心，弥补他们亲情上的缺失。

第四招：教育孩子尊敬父母，怀有感恩之心。

家长和临时监护人，要从小就教育孩子尊敬父母，因为是父母给了孩子生命，是父母供孩子吃穿，尽管父母身在异地，但全都是为了孩子，孩子应该体谅父母的一片苦心，懂得关心父母，从而化解孩子心中的怨恨。

☞ 小编赠语

孩子最需要的是父母的关爱，看着别的孩子每天能跟爸爸妈妈在一起，而自己却孤零零的，心里对于关爱的渴求可能会变成对父母无情离开的怨恨，哪个父母愿意让自己的孩子恨自己？父母们可要注意起来了，虽然身在远方，但还是要给孩子多一点关爱。

# 4. 父母不在身边，留守孩子封闭了自己

很多留守孩子性格都比较孤僻，他们不喜欢跟其他小朋友一起玩儿，拒人于千里之外，只停留在自己的世界里。

## 故事坊

小文从小跟爷爷奶奶一起生活，不是她不想跟爸爸妈妈生活在一起，而是他们都在国外工作。爷爷奶奶都很疼小文，可是两位老人却很少跟她谈心，所以，小文的内心世界几乎是封闭的。

在学校里，同学们管孤僻的小文叫"冰块儿"。这个名字一点都不夸张，小文对所有集体活动都不感兴趣，她更愿意自己一个人玩。一到校运会或是合唱比赛的时候，小文都会借故请假，她对集体的事儿从来不关心，就算是自己班级得了什么荣誉，她也是一副与我无关的架势。小文跟集体没有任何交集，自然跟同学也没有交集，她总是独来独往，难得跟同学讲上一句话，不过大家也不太愿意跟"冰块儿"打交道。

小文12岁生日就要到了，爷爷奶奶很高兴，想给她举办一个生日聚会，可却被小文冷冷地拒绝了。奶奶问："生日聚会可以请很多同学、朋友来家里帮你一块儿庆祝呀，这是多么让人快乐的事呀，为什么不愿意呢？"

"我过生日为什么要请一堆不相干的人来家里呢？我也没有朋友，我不需要别人帮我过生日。"小文淡淡地说。这个回答让奶奶很吃惊，她无法想象一个12岁的孩子居然一个朋友都没有，可她还是慈爱地说："那我们就听你的，咱谁也不请。"

小文淡淡地应了一声就回自己房间了。望着孙女的背影，奶奶无奈地叹了口气……

大多留守孩子的内心都是冰冷的，他们之所以会形成这样的个性，主要是因为自小父母就不在身边，尽管有一些亲戚照顾，有的直接由爷爷奶奶监管，但是他们跟父母不同，当遇到问题时，留守儿童更容易觉得无助。渐渐地，他们会疏远周围的人，变得个性沉默孤僻。家长和临时监护人要引导他们用积极的心态对待生活。

## 亲子兵法

第一招：临时监护人要让留守孩子感到家的温暖。

留守孩子之所以把自己封闭起来，是因为亲情和温暖的缺失，他们很自卑，觉得没有人喜欢自己。在这种情况下，如果临时监护人还对他们出言辱骂，就会让孩子彻底对周围的人失望。所以，临时监护人要关注孩子的生活、学习和健康，使孩子心中得到爱的满足，安全感才会慢慢回到他们身上。

第二招：为孩子创造与外界交往的机会。

父母每年都要尽可能地回家探望孩子一到两次，争取和孩子有多一点相处的时间，多带孩子到公共场合玩或常带孩子走亲戚、访朋友；临时监护人平时也可以请孩子的小伙伴到家来和孩子一起玩。

第三招：家长要注意跟老师合作。

比如请老师平时多接触自己的孩子，多关心他，让他多参加集体活动，让留守孩子体会到集体的温暖。

## ☞ 小编赠语

留守孩子一般跟着爷爷奶奶或亲戚生活，爷爷奶奶也许在生活上能够很好地照顾孩子，可是却很少能跟孩子进行有效交流，而亲戚则更少会注意到孩子的这种交流需求。没有说话的人，孩子备感孤独，这种情况恶性循环下去，孩子会变得越发孤僻，留守父母们可要警惕了。

## 第二章　让留守孩子健康成长

虽然是爸爸妈妈不在身边的留守孩子，可他们也需要得到疼爱，得到尊重，只有这样，他们才能像正常家庭的孩子一样健康成长。

# 1. 留守孩子更需要鼓励

由于父母不在身边，留守家庭的孩子获得的爱是不完整的，所以他们在同学面前，常觉得低人一等。在学习、生活方面，更不像其他小朋友那样幸福，所以留守孩子都极其不自信，一点挫折就会让他们一蹶不振。至于临时监护人，他们往往只关注孩子吃饱穿暖的问题，在教育方面，毫无方法可言。实际上，留守孩子的成长更需要鼓励和赏识。

**故事坊**

阳阳是一个品学兼优的女孩儿，或许很多人不敢相信，她居然是一名留守儿童。早在五年前，阳阳的父母就外出打工了，她一直跟姥姥姥爷生活在一起。虽然爸爸妈妈常年在外，可阳阳却在两位老人的悉心教导下，年年都被评为"三好学生""优秀班干部"。都说留守孩子问题多，姥姥和姥爷是怎么把阳阳教育得品学兼优的呢？他们的"秘诀"是什么呢？当问及两位老人这个问题时，他们没说什么，只是跟我们讲起了阳阳小时候的事儿。

阳阳上小学三年级时，有一次期末考居然两门功课都没有达到70分，当阳阳战战兢兢地把考试成绩告诉姥爷时，姥爷却笑着说："这次语文考试，你作文发挥得不好，写偏题了；不过，数学成绩还是稍有进步的，最起码这次没在选择题上丢分。虽说法体成绩并不理想，可我知道你已经努力了。"

姥爷的话让阳阳的心里暖暖的，那一刻起，阳阳便在心里暗暗下了决心：从今以后一定要加倍刻苦地学习，决不再让姥爷失望。

考初中那年，由于没能分在尖子班，阳阳扑在姥姥怀里哭了半天。姥姥摸着她的头说："没能分在尖子班并不能说明什么，你可以通过自己的努力，让大家看到，我们阳阳很优秀，跟尖子班里的孩子一样出类拔萃，甚至还可以比他们更出色！"

阳阳擦擦眼泪，抬起头给了姥姥一个明媚的微笑。

你是否已经猜到了两位老人的教育"秘诀"到底是什么？对，就是鼓励！孩子需要鼓励，就像鲜花需要浇水。在长辈的鼓励下，孩子能不断地重新认识自己，还能不断地挖掘自己的潜力。留守孩子的成长是很多人都关注的，鼓励能让他们产生自信，使他们更加健康地成长。

## 亲子兵法

第一招：临时监护人，要承担起留守孩子的父母的责任。

临时监护人不能只管孩子的吃穿，还要在生活上，不断鼓励留守孩子，增强他们的自尊心和自信心。

第二招：临时监护人要善于发现孩子的优点。

每个孩子都是既有缺点也有优点，作为孩子的临时监护人，更应该常去发现他们的优点，并及时肯定和表扬他们，孩子在你的赏赏中会越做越好。

第三招：父母要时常鼓励孩子。

留守孩子的父母虽然离孩子很远，但是仍要关心孩子的成长，每次跟孩子通电话时都要多鼓励他们，让孩子每天沐浴在爱的希望里。

第四招：孩子做错事时，先不要责骂孩子，要适当地安慰一下。

留守孩子的内心非常敏感，所以当孩子犯错时，家长和临时监护人都不要轻易责骂孩子，他们更渴望得到的是别人的鼓励和安慰。在安慰孩子的同时，还要帮孩子分析犯错的原因，并告诉孩子在做错事后，应该如何弥补自己犯下的错误，使孩子再遇到同样的事情时，学会运用正确的方法去处理。

☞ 小编唠语

任何孩子都需要鼓励，这不仅是在培养孩子的自信心，还是在给孩子希望。只有对所做的事有希望才能将其继续下去，留守孩子在独自生活中，会觉得孤立无援，父母的鼓励是让他们坚强地走下去的重要力量，所以父母们在打电话时，要多多鼓励孩子，孩子才会更加坚强。

# 2. 让留守孩子勇敢面对困难

当孩子遇到困难时，要让他们学会调整心态，不要畏缩害怕，勇敢面对。

故事坊

过完这个春节，苗苗的爸爸妈妈就要去外地打工了。临走前，苗苗爸爸再三嘱咐爷爷奶奶，一定要好好照顾孩子，不能让孩子受苦、遭罪。自从爸爸妈妈走了之后，苗苗便成了家里的"小祖宗"，每天过

173

着衣来伸手、饭来张口的生活。

爷爷奶奶是苗苗的"保护伞"，无论什么事儿都是两位老人扛着，所以苗苗非常害怕吃苦、受累，在生活和学习中，稍微遇到一点困难就会惊慌失措，根本不知道积极面对。

一次，苗苗闹着不去上学，这可把爷爷奶奶急坏了，爷爷问她为什么不想去上学，苗苗竟说："今天的体育课要跑800米，我不想跑步，不想受这份累。"听了苗苗的解释，爷爷奶奶不但没反对，反而异口同声地答应了孩子的无理要求。爷爷还称赞苗苗："苗苗真聪明，傻乎乎地跑什么800米啊，那得多累呀。一会儿我就给你们班主任打电话请假，就说你身体不舒服，今天不能去上课。"

还有一次，苗苗的数学考试只得了50多分，苗苗难过地哭了好几天。看着孙女的小脸蛋日渐消瘦，爷爷奶奶心急如焚。奶奶甚至心疼地对孩子说："女孩子不需要读太多书的，这上学是件苦差事，何必去吃这份苦。""是呀，每天看你做作业做到大半夜，我不知道多心疼。这书咱随便读读就可以了。"爷爷接过话茬说。

从那天起，苗苗就不再重视学业了，而且再也不想为学习吃半点苦了。有爷爷奶奶、爸爸妈妈宠着，自己何必这么辛苦地读书呢？

临时监护人多为年老的祖辈，他们大多文化水平较低、缺乏教育经验，对孩子只会一味娇惯、袒护，而孩子的父母又远在异地，对孩子的教育鞭长莫及，最终导致了留守孩子进取心不强，意念薄弱，怕苦畏难，经不起挫折和失败。

## 亲子兵法

父母和临时监护人该如何培养留守孩子勇于面对困难呢？

第一招：加强孩子心理承受能力的训练。

让孩子明白每个人都会遇到困难，而困难是可以解决的，当孩子遇到困难时，要教会他们调整心态，坚定信念。经常积累孩子获得成功的体验，这有助于孩子树立自信心。还可以用一些孩子能自己克服的困难来历练他，以培养他们平和乐观的心态。

第二招：让孩子懂得求人不如求己。

父母要嘱咐祖辈们，不要过分溺爱孩子，也不要在孩子一遇到困难时就帮他解决，应该鼓励孩子自己想办法，平常给孩子打电话时，也要常对他们进行吃苦教育，要勇敢面对挫折。

第三招：家长要给孩子树立不屈不挠的榜样。

大人们不要在困难面前退缩，让孩子明白什么是不屈不挠。还可以给孩子讲一些名人故事或者带孩子一起看励志影片，这样也能帮助孩子有信心去面对困难和挫折。

☞ 小编赠语

留守孩子面对的困难要比普通孩子多得多，可是他们仅仅是孩子，会有脆弱的时候，也会觉得不堪重负，外出务工的家长们要多关心孩子，告诉孩子要勇敢，常教给孩子一些应对生活难题的方法。对于那些不能立刻解决的问题，要多给孩子打气，给孩子信心，相信孩子能够处理好。这样孩子才能在磨炼中不断成长。

# 3. 懂得宽容，让留守孩子更快乐

每个人都有缺点，每个人都会犯错，死抓住这一点不仅让自己生气，还有可能会断送一段友谊。当这些缺点和错误没有触犯原则时，大可以大大方方地原谅。

## 故事坊

小梦回到家，一屁股就坐在沙发上，一副气鼓鼓的样子，嘴里还嘀咕："哼，我非跟她绝交不可！"叔叔看到小梦气成这样，便走过去问："怎么了？满脸的不高兴？"

小梦说："一想起来我就生气。班上的小芳，把我借给她的那张CD盘弄坏了，那可是我爸从国外给我寄回来的。我想爸爸妈妈时，就会拿出来听，可现在……我以后想爸爸妈妈的时候怎么办啊？"说着说着小梦竟委屈地哭了起来。

叔叔赶忙说："别哭别哭，说不定这个盘还能修好呢。再说，小芳不是你的好朋友吗？上次你们校运会的时候，你还借了她的鞋子参加比赛呢，后来好像还把人家鞋子的鞋底给穿断了，是吧？小芳最后不也没怪你吗？你还说多亏她借给你鞋，你才能夺得比赛的第一名。这些事你都忘了？"

被叔叔这么一问，小梦的脸刷地一下就红了："对呀，小芳对我还是蛮好的。"叔叔接着说："所以啊，这个盘弄坏了，肯定不是她故意弄坏的，说不定她比你还难受呢。小梦，为什么不原谅她呢？宽容会让你变得快乐的。"

小梦点点头说："嗯，谢谢叔叔，听你这么一说，我现在好受多了。看来学会了宽容真能让我快乐呢！明天上学的时候，一定要告诉她，我不生气了。"


由于亲情缺失，也缺少倾诉和寻求帮助的对象，留守孩子不愿意接触外界或与外界接触太少，导致一些留守孩子性格偏激，对人对事都缺乏宽容精神，如果不改变，将在人际交往上有很大障碍。学会宽容，那么他就掌握了跟任何人交往的一种智慧。

那怎样才能让留守孩子学会宽容呢？

第一招：让孩子学会理解他人。

每个人都会犯错，可是犯错的原因是什么？值不值得原谅？都需要让孩子想明白。而且，这样也能锻炼孩子学会设身处地为别人着想，增强孩子的人际交往能力，帮助孩子协调跟别人的合作关系。

可以引导孩子理解和宽容比自己强的同学，帮助比自己"差"的同伴，跟竞争对手合作。只有通过交往，他们才能体会到宽容的意义，体验到宽容带来的快乐。

第二招：教孩子容忍别人的缺点。

大多留守孩子的人际交往能力并不强，多一点包容，就是多给自己与别人好好相处的机会。忍耐意味着理解，要告诉孩子学会包容别人的缺点，因为自己可能也有让别人讨厌的缺点。

第三招：让孩子学会换位思考。

许多孩子习惯于只从自己的角度想问题，从不考虑别人，这需要让孩子学会换位思考。比如，引导他站在父母的角度上思考，他就能理解父母的在外工作的艰辛；教站在爷爷奶奶的角度上考虑，他就能理解老人平日的唠叨等。

### ☞小编赠语

> 宽容是每个人都应具备的品质，只顾自己不仅不会交到朋友，而且还会因为心胸狭隘而整天气鼓鼓的，不少留守孩子都有这个问题，对此，外出务工的家长们要教导孩子学会宽容，这样孩子才能每天活得快乐。

# 4. 唤醒留守孩子的感恩之心

父母对孩子的爱是无私的，是伟大的，但这并不是说孩子可以肆无忌惮地享用、挥霍，家长还要让孩子明白不止要接受爱，还要懂得回报。

## 故事坊

今年春节是小清过得最快乐的一个春节，因为在外地打工的爸爸妈妈回来看家了，他们已经有三年没回来了。

大年初一，妈妈让小清给姑姑送去一个厚厚的红包，可是小清却一脸不高兴，磨磨蹭蹭不想去。妈妈问怎么了，小清嘟着嘴说："为什么要给姑姑红包？还给这么多！"妈妈笑了笑说："爸爸妈妈外出工作的时候，姑姑可没少照顾你啊，大过年的，妈妈给个红包还不应该啊，其实比起姑姑对你的照顾，这些钱根本算不了什么。做人要知道感恩，知道吗？"

"姑姑平时也就给我梳个头，偶尔辅导一下我写作业，大多时候都是我自己照顾自己。"小清没好气地数落道。

"那么，要是没有姑姑的'偶尔'照顾，你会是什么样啊？闺女啊，人不能只看见别人给了你什么，还要想着你为别人付出了什么。无论是爸爸妈妈，还是其他长辈，大人们对你的好并不是无条件的，你要知道感恩。"妈妈继续耐心地开导道。

母亲的这番话把小清说得心服口服，于是，她拿着红包就往姑姑家跑去……

缺乏感恩的心，在当代青少年中相当普遍，这个问题在留守孩子身上更为明显。他们长期在缺乏父母关爱下成长，很难体会来自父母的亲情之爱，不少孩子还把父母和临时监护人无微不至的爱看成是天经地义的。

因此，教会留守孩子感恩，也是父母和临时监护人"爱"孩子的必经之路。

## 亲子兵法

第一招：要让孩子养成感恩的习惯。

把感恩当做习惯，渗透于日常生活之中，让孩子从小就浸润在感恩的环境里。父母和临时监护人要从自身做起，做好示范。比如，受到别人的帮助要说谢谢等等。

第二招：利用节日进行感恩教育。

春节时，每个孩子都会拿到红包或者收到礼物，这时要让孩子谢谢长辈们，同时，不管多少钱，都要让孩子妥善保管，学会珍惜别人的情意；教师节时，让孩子制作贺卡送给老师，表达对老师的谢意和祝福；父亲节、母亲节时，让孩子给父母打电话说感谢的话，表达生活中幸福的一点一滴。

第三招："计较"孩子的付出。

孩子没有记住父母的生日；孩子回家后没有帮年迈的长辈们干活；没有记住父母的一个小要求等等，这都是父母和临时监护人必须"计较"的小事。别让孩子觉得大人们对他一无所求，他根本不需要为别人做什么。要让孩子懂得索取是要付出代价的，不能无条件地进行索取。

第四招：教孩子学会给予。

临时监护人会帮孩子打点一切，这无形中滋生了孩子的懒惰。他们自私地认为，别人对自己的好都是理所当然的。生活中，长辈们可以偶尔"示弱"一下，让孩子做些力所能及的家务活，请孩子倒杯水等等，让孩子学会给予，懂得别人的给予与帮助不是理所当然的，而是一种"恩惠"。

☞ 小编赠语

很多留守孩子都对外出的父母不满，觉得父母抛下自己是自私的行为，从不想父母是为了给自己更好地生活才出去打工的，更从不想父母在外边也是千苦万难，也有的孩子认为亲戚的照顾是理所当然的，对此，外出务工的父母们要让孩子明白，没有谁对谁的好是应该的，对于任何帮助和照顾都要心存感恩。

# 5. 爸爸也要参与留守孩子的教育

在我们的印象中，爸爸似乎总是在忙啊忙啊，忙得没有时间陪孩子玩儿，也没有时间辅导孩子学习，教育孩子的任务就这样成了母亲负责的事。可是在孩子的成长教育中，爸爸的教育不可或缺。

## 故事坊

阿根的爸爸常年在外打工，一年都不见得能回来一次，所以对于阿根来说，"爸爸"只能算是一个称呼。阿根在妈妈的照顾下慢慢长大了，不过性格非常内向、腼腆，甚至还有点"娘娘腔"。上初中后，妈妈觉得阿根应该像个男子汉一样，能够独立生活，所以要求他住校。可阿根说什么也要住在家里，死活不愿意自己去学校住。

有一天，妈妈又跟阿根提起了住校的事儿，"阿根，你今年已经15岁了，应该像个男子汉一样能独立生活，我希望你住校。""不住！不住！我都已经说了很多次了，我要在家跟妈妈住在一起，晚上要是看不到你的话，我会睡不着觉的。"阿根向母亲撒娇道。

"你可是个男孩子呀，怎么能整天躲在妈妈后边呀。你要独立一些，将来你是要独当一面的呀。"妈妈正色道。"不嘛……不嘛……我一辈子都要和你在一起……" 阿根说着说着竟哭了起来。

看到儿子委屈的样子，妈妈自然非常心疼，一边拍着阿根的背，一边温柔地说："好好好……咱不住校了，不住校了……"

"那你要说话算数，爸爸常年不在家，我只有你了，你千万不能不要我……" 阿根嘟着嘴哀求道。

"怎么会呢？妈妈永远爱你，我的宝贝儿。" 妈妈应道。

"我也爱你。" 阿根终于破涕为笑了。

很多留守家庭都是父亲外出打工，母亲留在家里照顾孩子，所以，在教育方面，留守家庭的孩子比正常家庭的孩子还要缺乏父亲的参与。家庭结构的不完整，导致了留守孩子家庭教育功能的失调和弱化。父性教育的缺失，对孩子的身体发育、个性品质培养、智力及性别角色发展都会有不良的影响。医学研究显示，跟父亲接触很少的孩子，无论是在身高、体重、还是动作等方面的发育速度，比父子正常接触的孩子要慢。

此外，父性教育的缺失，还会影响到孩子性别角色的正常发展。心理学家强调，人的性别定向不是先天具有的，而是后天学习的结果，并且确定地说，父母在这一过程中起着重要作用。父亲通过穿着举止、气质风度来表现阳刚之气，但是留守孩子常年不跟父亲生活在一起，感受不到父亲的影响，在性别认同与性别角色期造方面，就会出问题。比如，男孩子性格脆弱、胆怯、做事犹豫，没有阳刚之气，有"女性化"的趋向。

那么，如何才能尽量避免或减少留守孩子因缺少父性教育而造成的伤害呢？

### 亲子兵法

第一招：父亲们要跟妈妈们一起对孩子的教育负起责任，明确教育方向。

父亲不仅要挣钱养活孩子，还要参与教育孩子，要多跟孩子交流，比如带孩子一起思考问题，修理东西等。还要认识到早期的教育方式影响着孩子的成长，这种影响是深远的，还将体现在孩子的整个人生之中。

第二招：常回家看看，多跟孩子接触。

一方面，爸爸们在言谈举止中，要透出男性的坚定、阳刚、责任；另一方面，爸爸们还要提醒孩子，男子汉就应该这样，并让孩子慢慢体会。爸爸们虽然要外出打工，可还是要尽量抽空回家探亲，多跟孩子接触，注意培养孩子活泼、勇敢、自信、智慧等多种品质。

第三招：母亲要给孩子一个健康的成长环境。

在父亲常年不在的留守家庭，妈妈也不能让孩子长期生活在单一性别的环境。比如，有的男孩子总愿意跟女孩子一起玩儿，尽管这样能够避免很多潜在危险（而且有的母亲也赞同），可是，这会给孩子将来交友制造障碍。因此，母亲应该多安排孩子与爷爷、叔叔、舅舅等男性长辈交往，补偿父亲的缺席。

☞小编赠语

爸爸是孩子教育中的重要角色，孩子人格品质中的坚强部分都是从爸爸身上得来的，所以爸爸们可要提起注意啊，教育孩子不仅仅是妈妈们的事儿。

## 第三章　留守孩子的自强

没有父母在耳边教导，也没有父母在身边为自己料理生活琐事，留守孩子需要自己面对太多事情，可是，面对困难留守孩子不能退缩，要自立自强，要像正常孩子一样健康成长。

# 1. 自学，让留守孩子奋起直追

人都说："兴趣是最好的老师。"孩子学习要从兴趣出发，很多留守家庭的孩子都不爱学习，但是他们并不是一开始就对学习完全没兴趣，而是在后来的学习过程中不断受到挫折打击，才慢慢讨厌学习的。这个时候，我们要告诉孩子，不要怕困难，也不要畏惧打击，学习不一定非要有老师在身边随时辅导，很多功课都是可以自学的。

## 故事坊

小杰和小刚是一对留守兄弟，虽然两个孩子跟着爷爷生活，爸爸妈妈很少在身边，可是他们的学习成绩一点都没受影响，反而相当优秀，是当地有名的"状元哥儿俩"。你是否也跟我一样，对于这两兄弟很好奇？

这两兄弟跟爷爷生活，学习自然也是爷爷辅导，你也觉得这个老爷子的水平不低吧？跟我们一起去看看吧。

实际上，爷爷只读到初中而已。那么这个只有初中文化的老爷子是怎么辅导"状元哥儿俩"功课的呢？听了我们的问题，老人笑嘻嘻地说："我哪有本事辅导他们两兄弟呀，我是从小注重培养他们的自学能力。我想，《新华字典》就是最好的老师，所以，在他俩还上小学一年级时，我就给两人买了《新华字典》，教他们查字典的方法。另外，我还督促两个人每天预习，'打仗需准备'，学习大致也是这样的。谁知道，这样还真的有效，在他们上小学三年级以后，学习上基本就不用我操心了。"

老人教育孩子的秘诀，是让他们学会自学。这对很多学习成绩较差的留守孩子来说，应该很有借鉴意义，而且应该是很有效的办法。因为很多留守孩子都反映，回家后遇到功课上的难题，都不知道该问谁，爷爷奶奶想管，可是力不从心；叔叔婶婶有心有力，可是嫌麻烦。增强了自学能力，那些学习上的烦恼很快就会离得远远的了。

## 亲子兵法

第一招：指导孩子使用工具书。

孩子在学习中会运用工具书，就等于掌握了一种自学的方法，因为它能帮孩子扫除阅读障碍，提高阅读能力。因此，必须教会孩子查字典和词典。学会查字典并不是目的，目的是要灵活运用，这就要督促、提醒孩子在身边常备字典，多练习、运用字典来解决问题。常用的工具书有《新华字典》《成语词典》《英汉词典》等。

第二招：培养孩子课前预习的习惯。

课前预习是学习的一个重要环节。一篇新课文，在上课之前，让孩子自己先看看，遇到问题尝试着先自己解决，弄不明白的就上课时问老师，这样听课既有重点、印象深刻，而且听起来还省力。坚持下去，孩子就能从中得到鼓舞，增强信心。

第三招：养成上课做笔记的习惯。

古人学习有个说法，叫"不动笔墨不读书"，可见，记笔记在学习中所起到的作用也是不容忽视的。所以，临时监护人要提醒孩子，学习时要边读边想边做笔记，上课的时候也要做好课堂笔记，这样在家里学习遇到问题时，可以翻出来看一下。

第四招：培养孩子的阅读能力。

阅读水平的高低，能体现孩子理解力的水平。所以阅读能力的培养非常重要。家长可以让孩子养成朗读的习惯，当阅读顺畅之后，就可以改为默读。这样一来，孩子的阅读兴趣能被提上来，阅读能力也会随着阅读量的增加而提高。另外，提高阅读能力还要讲究阅读方法，即分出精读和略读。对于那些经典的文章，当然要一字一句地精读，还要多读几遍，这才能深刻体会文章意义。而对于普通小说，则可以快速浏览，进行略读。

☞ 小编赠语

自学能力是孩子成长中不可或缺的能力，它是一种独立品质，当孩子因为父母不在身边，而在学习上遇到困难时，这是帮助孩子的最好办法。所以留守孩子的家长和临时监护人平时要注意让孩子掌握自学方法，养成自学的习惯。

## 2. 理财，留守孩子自立第一步

留守家庭一般经济条件都是比较艰苦的，爸爸妈妈在外辛苦打工，挣来的钱都是血汗钱，孩子在家不要随便乱花，也要学着理财，帮爸爸妈妈承担生活的压力。

## 故事坊

小林是村里有名的"理财小专家"，爸爸妈妈给的钱他从不乱花，还从里边挣了不少呢。你觉得他的爸爸一定也是个懂点经济的人吧？其实他只是个普通打工仔。别看小林是个留守家庭的孩子，今年也只有15岁，已经能在父母的指导下，进行一些理财投资项目，而且还能从中挣到不少"银子"呢。小林为什么有如此高的理财天分呢？

那还要从小林七岁时说起。那会儿小林刚上小学，他的父母便到外地打工了，只留下小林跟爷爷奶奶一起生活。小林的爸爸临走之前，特意给小林在银行开了一个户头，用来存放每个月打来的生活费。就是这个小小的户头，让小林学会了如何理财。

爸爸妈妈走了之后，爷爷就把存折交给了小林，并严肃地告诉他，他可以自由支配这户头里的钱，不过有个规矩：这些钱必须用在需要的地方，比如交学费、买书本、文具等，如果一旦发现小林把钱浪费在不应该花的地方，爷爷将收回存折。

从那时起，小林便在爷爷的影响下，学会了简单的金钱管理。后来，小林的爸爸还通过网络教孩子怎样炒股、怎样投资基金项目，在爸爸的悉心栽培下，小林成了一名出色的"理财小专家"。

现在很多孩子没有勤俭节约的观念，不懂得珍惜父辈们的劳动，花钱大手大脚，缺乏算计。留守孩子在这方面更加突出，一旦没钱了，可能就要动"歪脑筋"而走上邪路。可见，确实应该对留守孩子进行理财教育。

## 亲子兵法

第一招：父母要为留守孩子建个"小银行"。

现在，春节时孩子们都会得到数量不少的红包，与其让孩子就这么拿着这些钱，不如给孩子办一张银行卡，引导他们把压岁钱存进银行卡里。对此，家长们还要嘱咐孩子，孩子需要为自己的银行卡负责，没必要时不要随便动用卡里的钱。鼓励孩子，让他坚持下去，让储蓄意识扎根在孩子脑中。

第二招：对孩子的亏欠，不要用金钱补偿。

留守孩子长期不能跟父母在一起生活，父母难免心里愧疚，有时候常常会在物质上给予补偿。但是，孩子需要的是家长的关爱，这比金钱更能温暖孩子的心，而且，孩子拿着太多钱就会生出很多事端，甚至会走上歪路。所以家长一定不能给孩子太多零花钱。

第三招：购物要预算。

不妨让孩子准备一个小账本，把每个月得到多少零花钱，买了什么东西，以及价格、花费总额记清楚。这样能有效约束孩子乱花钱。

第五招：让大一点的孩子使用信用卡。

使用信用卡，可以让孩子深刻地体会到乱花钱、超支将付出沉重的代价：还钱并付高利息。孩子需要记住：要让自己的钱跟债务保持平衡。如果孩子上高中了，可以让他拥有一张信用卡，并教他合理使用，这样能很好地对孩子进行理财教育。

🖙 小编赠语

外出务工的父母一般会给孩子较多零花钱，借此来弥补对孩子的亏欠，但是孩子自制力比较差，常常会因此而养成花钱大手大脚或乱花钱的习惯，对此，爸爸妈妈们不妨适当教给孩子一些理财小技巧，让孩子在养成好的消费习惯的同时，也拥有自己的小金库。

# 3. 自我伤害， 于事无补

"自残"，一个多么冷酷又遥远的词汇，我们觉得它离生活很遥远，可是在留守孩子中，却常常有这种事情发生。虽然，孩子的自我伤害是因为父母远在异地，可是这样做也于事无补。

## 故事坊

夜深了，林宁还是睡不着，他呆呆地坐在书桌前，心徘徊在痛苦和委屈之间，可是却找不到一个可以倾诉的对象。

突然，林宁一拍桌子，站起来吼道："在学校，我被老师训斥，被同学们看不起；回到家了，也只能一个人对着墙说话，因为我那狠心的老爸老妈在千里之外的北京打工，而照顾我生活的奶奶耳聋眼花……我为什么要来到这个世界？我根本就是多余的！我是多余的吗？"可是，谁能给林宁答案呢？空荡荡的房间里，只有他自己。

一阵激动之后，林宁默默地点燃了一支烟，烟雾缭绕中，他鬼使神差地把烧着的烟头，烫在了自己的胳膊上，"呲……"剧烈的疼痛让林宁忍不住皱了皱眉，可奇怪的是，这种疼痛让他感到很刺激，甚至还有一种莫名的快乐。他看了看被烟头烫伤的胳膊，自言自语道："我喜欢这种疼痛带来的快感，它提醒我，我还活着……"

林宁发现身体上的疼痛会让自己暂时忘却心理上的痛苦，从此，他便常常用各种方式伤害自己。

少了父母的约束，很多留守孩子像是疯长的小树。据相关调查，自我伤害像是沉默的瘟疫，正在悄悄蔓延。自虐的孩子并不是真的想结束自己的生命，而是在寻找一种宣泄不良情绪、释放压力的途径。许多家长对此很焦虑，也很困惑，他们不明白为什么孩子们要这样摧残自己。

## 亲子兵法

面对孩子的自我伤害，家长们应该怎么办呢？

第一招：认真倾听。

认真倾听，是家长了解孩子的最好方式。父母和临时监护人，要让孩子随时能把困扰和痛苦讲出来，还要认真体会他们的感受。在听他们说话时，不否定、不批评、不指责、不打断、不急切要去改变孩子，引导他们说出埋藏在内心的最真实的想法。只有了解清楚了，才能对症下药。

第二招：指导孩子表达情绪。

父母和临时监护人要试着扮演忠实的倾听者，这样能加强与孩子的交流，而孩子也会愿意听长辈的劝导及时处理不良情绪，孩子学会了和自己相处，情绪有了宣泄的出口，也就会愉快地学习，开心地生活了。

第三招：让孩子多参加集体活动。

鼓励孩子参加集体活动，让孩子在活动中转移注意力。另外，家长有必要注意与孩子接触较多的朋友，看看他们有没有这些不良的习惯，同伴的不良行为对孩子的影响也不能忽视，因为孩子的辨别能力并不是非常强，他们的行为更多的是模仿来的。

另外，当家长发现孩子有自我伤害的行为之后，除了要立即制止外，更重要的是在事后向孩子提供专业的心理帮助。

由于父母不在身边，留守孩子常会觉得孤独、自卑，觉得自己无足轻重，生活也没什么意义，可是他们又找不到更有效的解决方法，所以常会在自我伤害中获得刺激性的快感。对此在外务工的父母要给孩子更多的爱，让孩子感到父母并没有走远，自己还是很重要，心里有了牵挂就会在伤害自己的时候有所顾忌了。

# 4. 培养留守孩子的生活自理能力

你一定觉得留守孩子都是爹不疼娘不爱的吧？尽管爸爸妈妈不在身边，可是留守孩子中还是有很多"小公主""小皇帝"，培养他们的自理自立能力势在必行。

## 故事坊

婷婷的父母在国外工作，她打小就跟爷爷奶奶一起生活，两位老人从来不让孙女干任何家务，只让她专心读书。这不，婷婷就要上初中了，她考入的是一所封闭式管理的中学，爷爷奶奶在为她高兴的同时，也犯愁极了。因为他们的孙女根本没有任何独立生活的能力。

一转眼就要开学了，婷婷也开始为即将到来的寄宿生活发起愁来。有天吃饭的时候，婷婷看着满桌的美味，不禁叹了口气："唉……开学后，就吃不到这么可口的饭菜了。"

"那怎么会？我已经决定了，你上学后，奶奶每天都会做好吃的给你送到学校去。"奶奶疼爱地说。

"真的吗？奶奶最好了！"婷婷高兴得差点把桌子掀了。可刚吃了几口饭，婷婷又叹气说："吃饭是不愁了，可衣服怎么办啊？我连自己的袜子都不会洗。"

这时，爷爷接过话茬，"别担心，以后，爷爷每隔两天都会去学校帮你把脏衣服拿回家洗，我的宝贝孙女安心上学就行了。"

听了爷爷的话，婷婷不知道有多开心，她给了爷爷一个大大的拥抱，然后撒娇说："我就知道，有了爷爷奶奶，我一点苦都不会受的。"

"呵呵，那当然！"爷爷奶奶异口同声地应道。

很多留守孩子的临时监护人都认为：孩子的父母不在，不能让孩子吃太多苦。孩子只要专心学习就可行了。正因为忽视了对他们综合素质的培养，才导致很多留守孩子连基本的生活都不能料理清楚。因此，学会生活自理，是对留守孩子的一项基本要求。对于留守孩子，家长们要狠下心来，让孩子自己的事情自己做。

## 亲子兵法

第一招：家长自己要有培养孩子自理能力的意识。

家长心疼孩子，不愿意让孩子干活儿"受苦"，怕孩子不小心磕着或碰着，这都在情理之中，临时监护人觉得照顾好孩子才是最重要的，也可以理解，可是正是这些看似有理的借口，会毁了孩子。

第二招：让孩子树立自我服务的思想。

家长除了让孩子体会到自己的事自己做的快乐，更要让他们知道自己的事应该自己做，不是帮大人做。如果孩子自己收拾了房间，不妨说："真棒，宝贝都能自己收拾自己的房间了！"尽量少说："真棒，终于能帮着做点家务了。"有时，孩子不愿意自己做，就会撒娇，那也要坚持到底，让他明白他长大了，爸爸妈妈、爷爷奶奶以前帮他做的事情现在该他自己做了。

第三，让孩子学做家务。

让孩子学会自己洗衣服、买东西、做饭，是孩子自理自立的开始。家长在吩咐孩子做家务时要有耐心，孩子主动帮助做家务也应得到鼓励。

第四招：培养孩子的自理能力，要做到"管""放"结合。"管"，就是在孩子办某件事时，要过问一下，估计一下有什么困难，预先作一些必要的指导；"放"，就是要放手让孩子去做，在做的过程中，孩子才会增长才干。

### 小编赠语

自理能力也是每个人都应该具有的人格品质，尽管在外的父母和在家抚养孩子的临时监护人都很心疼孩子，可是孩子终究是要长大的，他终究是要独立面对问题的，如果连自己的生活都无法打理，当面对更大的事时要怎么办？所以家长们要摆脱溺爱心理，从小就培养孩子的自理能力。

# 5. 培养留守孩子的自救能力

生活中的危险时时处处都有，没有爸爸妈妈照顾，留守孩子要懂得自己照顾自己，远离那些会发生危险的地方。

## 故事坊

2008年，中国共有2万名青少年非正常死亡，其中留守儿童占据了很大一部分。近年来，关于留守儿童伤亡和被伤害的报道时常见诸报端。

2009年2月23日，广西南宁市宾阳甘棠镇田陈村发生一起火灾，导致 4 名儿童死亡。其中，最大者 7 岁，最小者才 4 岁。

据报道，着火的稻草屋属于无人看管的房屋，平时堆砌有干柴、稻草等易燃物。火灾发生时，村民并未发觉有人在内，直到大火被扑灭后清理火场时，才发现了 4 具被烧焦的儿童尸体。4 名遇难儿童中，有两人为农村留守儿童，父母均常年在广东打工，春节也未回家。孩子由祖辈代为管教，而祖辈时常缺乏精力看管，以致发生事故时也浑然不觉。

父母的外出，使留守儿童无法得到细致的照料与关怀，面临着成长风险和安全隐患。他们是一个脆弱的群体，有着酸楚的生活状态。在他们最需要父母的时候，父母却为了生活，远离家乡，常年见不到面。事实上，近些年来，由于疏于监护，安全教育缺位等问题严重，留守儿童的安全事故居高不下。

留守孩子是一个庞大的群体，他们需要保护。爸爸妈妈们应该怎么做呢？

## 亲子兵法

**一、溺水后怎么自救。**

家长应告诉孩子，游泳时万一溺水，切莫慌张，应保持镇静。如果恰巧抽筋，也不要紧张，镇定是自救的法宝。

1. 若是手指抽筋，可将手挥拳，然后用力张开，迅速反复多做几次，直到抽筋消除为止。

2. 若是小腿或脚趾抽筋，先吸一口气仰浮水上，用抽筋肢体对侧的手握住抽筋肢体的脚趾，并用力向身体方向拉，同时用同侧的手掌压在抽筋肢体的膝盖上，帮助抽筋腿伸直，大腿抽筋，可同样采用拉长抽筋肌肉的办法解决。

3. 家长还需让孩子掌握以下游泳安全要点：

（1）下水时切勿太饿、太饱；饭后一小时才能下水，以免抽筋；

（2）若在江、河、湖、海中游泳，则必须有人相陪，不可单独游泳。

（3）下水前观察游泳处的环境，若有危险警告，则不能在此游泳。

## 二、火灾自救方法

家长务必告诉孩子防火的相关常识，教育孩子不要玩火，不玩弄电器设备；使用电器时，若发现有冒烟、冒火花、发出焦糊的异味等情况，应立即关掉电源开关，停止使用。

当火灾发生时，谨记如下自救方法：

1. 争取从楼道逃生。先用手背碰一下门上的金属扶手，看它烫不烫，或打开一条门缝，看看是否有烟进来。若门扶手不烫手或无烟进来，说明可从楼道逃生。切记开门观察外面动静时，一定要用脚抵住门的下方，然后再打开一条小缝，以免门外的热气流把门冲开。

2. 若楼道已浓烟滚滚，则考虑从窗户或阳台逃生。发现楼道已充满浓烟，要迅速将门关好。如果楼层不高，或楼下有承接的物体，可考虑从窗户跳下，也可把被单等随手可拿的东西连结成长绳，拴系在结实的东西上，沿绳爬下。若需破窗逃生，可用椅子砸碎玻璃，把散落的玻璃碎片弄掉，再爬出。

3. 若楼层较高，以上办法不行时，可考虑向外求救。求救前，用大的容器从卫生间取水，把水拨在木门上，阻止大火的蔓延。用湿布填堵门缝，以免浓烟烈火从门缝中钻进。若房间已充满浓烟，可用湿毛巾掩住口鼻，在地上爬行。因为浓烟由上往下扩散，越接近地面，越容易呼吸，视野也开阔些。这时可到阳台或打开窗子向街上的人求救。若街上的人听不到呼救声，可拿鲜艳的、大块的床单衣物不断挥动求救。也可将这些东西不断地扔下去，直到引起了下面的人的注意为止。

4. 切记不要使用电梯，以免突然断电被困在电梯里。

5. 如果发现火灾发生，最重要的是报警，这样才能及时扑救，控制火势，减轻火灾造成的损失。火警电话的号码是119，这个号码应当让孩子牢记，在全国任何地区，向公安消防部门报告火警的电话号码都是一样的。

### 三、交通安全知识

家长要从思想上高度重视孩子的交通安全问题，切实担起对孩子的管教重任。大人要当好榜样、做好表率，带头遵守道路交通法。教孩子充分认识公路上的危险性，掌握简单交通安全基本常识，使孩子从小养成文明、守法地参与交通的习惯。

1. 让孩子记住指挥灯信号的含义。

（1）绿灯亮时，准许车辆、行人通行；

（2）红灯亮时，不准车辆、行人通行；

（3）黄灯亮时，不准车辆、行人通行，但已超过停止线的车辆和已经进入人行横道的行人，可以继续通行；

（4）黄灯闪烁时，车辆、行人须在确保安全的原则下通行。

2. 让孩子谨记行人必须遵守下列规定。

（1）须在人行道内行走，没有人行道的，须靠边行走；

（2）横过车行道，须走人行横道；

（3）不准在道路上上机车、追车、强行拦车或抛物击车；

（4）列队通过道路时，每横列不准超过两人。儿童的队列，须在人行道上行进。

3. 家长需特别提醒孩子：横穿马路时，可能遇到的危险因素会大大增加，应特别注意安全。

（1）穿越马路，要听从交通民警的指挥；要遵守交通规则，做到"绿灯行，红灯停"。

（2）穿越马路，要走人行横道线；在有过街天桥或地下通道的路段，应自觉走过街天桥或地下通道。

（3）不要突然横穿马路，特别是当马路对面有熟人、朋友呼唤时，或者自己要乘坐的公共汽车已经进站时，千万不能贸然行事，以免发生意外。

4. 家长还应该教给孩子一些交通遇险时的自救方法。如果发生了交通意外，应该让孩子知道这时他需要立即拨打122交通事故报警台，报告事故发生的确切时间、具体地理位置，以利于医疗救护人员和交通警察及时赶到现场。

**小编赠语**

生活中会有各种各样的危险，我们不会在遇到危险时坐以待毙，因为生存才是硬道理，只有活着，所有人的付出和拼搏才有价值，所以自救能力，不仅是留守孩子应该具有的人格品质，也是每个人都应该具备的人格品质。不在孩子身边的父母，要多提醒孩子注意生活中的那些不安全因素，并时常教给孩子一些自救方法。这样，孩子的成长才会更加安全。

## 第四章 有几个问题

对于留守孩子，你是否也跟我一样比较关注，也有很多疑惑，那么就让我们提问几个问题，来看看留守孩子到底是怎样的。

# 1. 为什么被寄养的留守儿童会少年老成

通常情况下，我们在称赞一个孩子小小年纪就稳重懂事时，会说他少年老成。但是如果一个孩子在本该天真烂漫的年纪，本该孩子气的年纪，不再像孩子，而过早地进入了成人世界，你是否还会觉得这句"少年老成"是对孩子的称赞呢？

### 故事坊

今年春节，文文的爸爸妈妈要回老家过年。他们在外边打工好几年了，中间很少回来，这次也是因为太想女儿了，所以就匆匆忙忙地赶了回来。可是回到家，两个人却没有想象中那么高兴。

因为这次一回来，文文就拿着自己的个人写真集给爸爸妈妈看。照片上，女儿化着浓妆，穿着成人的衣服，摆着成人的造型。怎么看都不像个只有10岁的小姑娘，倒像是已经有20岁了。照片上的文文，一脸成熟相，丝毫没有展现出这个年龄段孩子的天真无邪。

其实，爷爷奶奶平时在家也给文文拍照，但是在文文眼里，这是生

197

活照，不如班里同学在影楼拍的写真集。于是，文文软磨硬泡，怎么样都要也去拍一套。奶奶告诉文文妈妈："这种照片拍出来孩子显得很成熟，你看这张，我本来不想让她穿这个露肚脐的吊带衫，可是她喜欢，没办法。"

过年时，很多亲戚朋友都是要在一起聚聚的。这天，妈妈带着文文去亲戚家，谁知，这个小丫头一上酒桌竟开始向在座的一一敬酒，还会用敬酒词，而且用的还不带重样儿的。对这个说："祝您财源广进，生活犹如芝麻开花节节高。"又对那个说："祝您在新的一年中事事顺意，多挣人民币。"这让在座的人全都很惊讶，文文的妈妈也不知道该怎么办了。

## 亲子兵法

要防止孩子早熟，还孩子以童真，作为父母和临时监护人应该注意：

第一招：要给孩子一定自由支配的时间和空间。

把孩子从以大人为伙伴的环境中解脱出来，让他们去儿童社会中生活。独生子女家庭更要注意为孩子创造这样的环境，鼓励、支持，甚至有时要"强迫"孩子多与小朋友交往。

第二招：让孩子的成长顺其自然，不要急于求成，千万不要拔苗助长。

教育孩子时，不要实行填鸭式教育，尽量做到不给孩子增加额外的负担。也不要要求孩子像成年人那样在社会上立足，否则孩子会因为压力过大而导致心智不健全。

第三招：大人之间的事，尽量少在孩子面前讲。

特别是母亲要注意一点，不要把孩子当成跟自己说心里话、商量事情的对象。不要为了让孩子成为自己向别人炫耀的"资本"，而强迫孩了学习各种各样的所谓"本领"。

孩子早熟，源自模仿行为，很大程度上是受到了成人世界的影响造成的，父母们身在异地，不要经常用对待成人的标准引导和教育孩子，孩子在童年时期就应该有属于孩子的欢乐，成人意识的过早介入会影响孩子的健康成长。

# 2. 留守孩子为什么会性情偏执？

有些留守孩子，总爱钻牛角尖，令临时监护人不理解的同时，还头疼不已。

## 故事坊

朋朋今年才6岁，父母刚刚出去打工不到半年，把朋朋托付给爷爷奶奶照顾。可是朋朋的爷爷奶奶说，朋朋现在越来越固执，爱钻牛角尖。比如开电视，爷爷奶奶已经把电视打开了，他闹着要自己打开，非要跑过去把电视关上再打开。有时候，他手里端的水弄洒了，他也要哭着闹着要把水"捡"起来。爷爷奶奶要是打他，他哭得差点背过气，缓过来劲了还要求把水"捡"起来。爷爷奶奶要是劝他，得花一两个小时耐心劝，他的注意力太正，根本不好转移分散。什么事情不如他的意，就非要倒回头来再做一次。这让朋朋的爷爷奶奶和爸爸妈妈都很不理解。

## 亲子兵法

第一招：孩子"钻牛角尖"、"执拗"是否合理。

父母要跟临时监护人事先说好，孩子的什么要求是合理的，合理的要求应该满足孩子。如果孩子提出不合理的要求，并且不听劝告，在父母和临时监护人一再劝说下还继续哭闹，那么父母和临时监护人，就可以暂时采取不理睬的态度。等孩子平静下来后，再跟他耐心讲道理。

第二招：要尊重孩子的意愿，让孩子做出正确选择。

处于反抗期的孩子，不喜欢被别人吩咐，哪怕这意见和行为是正确的。面对这种情况，父母和临时监护人，可以把自己希望孩子接受的做法，跟另外几种列在一起，让孩子自己选择。在一定范围内有了自主权，既能训练孩子的独立性，还能让他心甘情愿地顺从。

第三招：让孩子自然下台，需要父母和临时监护人巧设台阶。

有时，孩子的执拗和偏执是为了逞能要强。这时，父母和临时监护人要从顾全他的面子出发，给他台阶下。

此外，在孩子玩得正高兴时，父母和临时监护人要求孩子做他不愿意做的事，是引起孩子执拗、偏执的导火线，因此，这时还要因势利导，不要破坏孩子的好情绪。

### 🐾 小编赠语

从心理学上来看，由于父母离开，孩子在难过的同时，还有明显的焦虑特质。所以对许多事物容易产生强烈的反应，就会显得非常急于求成，以至于不计方法，即使那样做不对，也不去改正。另外，由于父母不在身边，虽然有临时监护人在，但是他们怕伤害到孩子，一般不敢说什么；另一方面自己管教孩子的能力也有限，孩子不听话，做事执拗，临时监护人其实也无力做什么。这都会让孩子变得越来越执拗，脑子一根筋。对此，只要父母慢慢引导，孩子就能矫正过来。

## 3. 留守孩子怎么对人对事疑虑重重？

疑虑让孩子瞻前顾后，往往导致他们在学习、活动的过程中，对自己产生怀疑，甚至怀疑同学和老师对自己的态度，从而惧怕老师、远离同学。

### 故事坊

**一**

小军是班上的班长，不仅学习成绩优秀，而且对人非常热心，在众多的同学中，他跟小朋最要好。小朋的爸爸妈妈去外地打工了，只能跟着爷爷生活，慢慢地，沉默的小朋竟跟活跃的小军成了好朋友。

有一天，小军收到一卷用红色线线扎起的纸条，打开一看大吃一惊，纸条上用奇怪的字迹写着："我知道我的事全是你说出去的，你害惨我了！我决不放过你！我要杀了你！"小军连忙把纸条交给了老师。经过调查，老师发现，原来是前几天小朋偷偷拿了家里的钱，小朋爸爸找到老师，老师找小朋谈话，而小朋怀疑是小军告了密，于是才有了纸条威胁的一幕。

**二**

留守儿童中，具有较强疑虑心理的比例并不高，但存有较重疑虑心理的孩子往往容易从一个极端走向另一个极端，每天闷声不响的，往往会因为报复性、攻击性事件而一鸣惊人。所以，因怀疑其他同学背地里议论造谣，而对其拳打脚踢的比比皆是。

由于长期不跟父母在一起生活，12岁的小民断定自己不是爸妈的亲生儿子，非说是爷爷生的，还嚷着要做亲子鉴定。经过一番折腾，最后，家人带他到医院检查，并以精神分裂症收治入院。小浩的父母在他

6 岁那年去了城市打工，他们把孩子交给爷爷奶奶抚养，常年不在家，只在过年时回去一次，而且平时也不太跟孩子打电话。

一次，在跟小民的通话时，小民不停地质问爸爸："我到底是谁的孩子？我不是你们亲生的，除非做亲子鉴定。可你为什么要害我？"后来，爷爷奶奶发现，这孩子常说些不着边际的话，做事也稀奇古怪的，学习成绩还直线下降。在被确诊为精神分裂后，小民的父母赶紧回到孩子身边，看着生病的儿子，妈妈难过地哭了，可是小民还能回得去吗？

## 亲子兵法

第一招：要消除孩子的这种猜疑习惯，最重要的就是给孩子足够的安全感。

要让孩子不觉得孤单，不觉得被遗弃。

第二招：要给孩子足够的自信，让他觉得自己是幸福的、世界是美好的。

这需要家长和学校共同努力。家长要时不时地跟孩子联系，给孩子关怀，消除孩子心中的孤独、疑虑，并且教孩子相信自己，相信别人；学校也要从各方各面关心孩子，比如，让他跟同学们多接触，从而清晰地认识到，周围的一切对他来说都没有攻击性，是安全的，可信任的。

　　没有安全感是孩子产生疑虑的重要原因。在跟父母分开之后，孩子没有了可依赖的对象，觉得没有人保护自己了，就会产生不安全感。在这种心理的作用下，孩子猜疑身边的一切事物，觉得一切都是危险的，所有的人都想要害他。形成疑虑的另一个重要原因，就是被别人看不起，不合群，孩子只能常常一个人待着。这样一来，长时间不跟别人交往，渐渐地，就对别人不信任，继而演变成对别人的怀疑，对事情的疑虑。父母们要多关心孩子，给孩子安全感，增强孩子的自信心，这样孩子才能慢慢摆脱疑虑心理。

# 4. 为什么留守孩子的幸福感比普通孩子弱？

　　大多数外出打工的父母，都是奔着自己外出打工，要给自己的孩子更好、更幸福的生活去的。可在国家做的调查中发现，在受调查的 500 名学生中，33％的是留守孩子，而留守孩子中，竟有半数以上对目前的生活状况不满意。事实表明，缺少父母的关爱，是孩子不幸福、不快乐的主要原因。

## 故事坊

　　下面是以一个叫小萍的小女孩儿的日记：

　　老爸每周六都会打电话来，今天也不例外。可接通了电话，我却觉得无话可说。只是简单敷衍了几句，就挂了电话。我可能是这个世界上最让父母省心的女儿，一个人不声不响地长了这么大……还不错，不是吗？

老爸说，春节一放假就会回来了。可是那又怎么样？他的女儿好好的，这么多年都是一个人。现在，突然出现一个叫父亲的人，我没有一点感觉。小时候，很羡慕别的孩子不用一大早就起来干家务，回家就有饭吃，最羡慕的还是爸爸妈妈会给女儿梳头，会陪着过生日。我从小到大都是短头发，因为一直不会梳头。老爸唯一能做的，就是给我寄钱，等以后我长大了，能赚钱了，所可以给他的，也只是钱，我找不出一点爱他的理由。

小萍今年已经上高中了，爸爸妈妈在她念小学时就出去打工了，尽管爸爸会按月寄来生活费，让她衣食无忧，但小萍始终对留守的童年心存芥蒂。

## 亲子兵法

第一招：加强沟通。

即使不能经常回家看望孩子，父母也要常打电话给孩子。如果不能通过电话跟孩子交流，可以写信，这样才能时刻让孩子感受到父母的关爱。

第二招：关注孩子的精神需求。

有人说没有钱万万不能，孩子需要钱读书，需要钱买新衣服，需要钱吃好吃的，需要钱过更好的生活，可是，钱代替不了父母的爱，孩子最需要的也是父母的爱。所以，父母应该多关心孩子内心的需要，无论孩子由爷爷奶奶抚养，还是在叔叔伯伯家长大，他们的关心、爱护，永远都无法取代父母的角色，孩子的一切感受都希望与父母分享。

第三招：老师的帮助。

老师要给留守孩子更多的关心，不能歧视他们，也不能放弃他们。还要关注他们的心理和情绪变化，引导儿童健康发展。

每个人对幸福的理解都是不同的，专家认为，幸福感源自对外在物质需要和内心需要的满足。留守家庭中，父母通过外出打工，来满足家里的物质需要，但是不要以为孩子吃得好、穿得好就是幸福的。孩子内心世界的需要不可忽略。留守孩子从跟父母分开那一刻起，就注定了要等待：一年、两年或是更多年。他们等的不是父母挣来的学费，而是父母的爱。

# 5. 留守孩子的智力会比一般孩子低吗？

留守孩子大多成绩不好，但是这是否就能说明，留守孩子的智力比一般孩子低呢？其实不是这样，造成他们成绩不好的原因有很多，智力因素并不是最主要的。

## 故事坊

有专家做过分析，认为留守孩子在学习上兴趣跟一般孩子其实没有什么不同。相反，绝大多数留守孩子，都对学习有浓厚的兴趣。

那么，你会觉得留守孩子是因为自卑而对自己的成绩评估过低吗？也许你是这样想的，可是经过调查发现，其实在对自身学习成绩水平上，他们跟一般孩子不同，对自我学习成绩水平的估计，他们明显高于一般孩子。绝大多数留守孩子，都对自我学习成绩的认知持积极态度，只有很小一部分孩子认为自己的学习成绩较差。所以从学习成绩上说，留守孩子的心态是积极的，并不是人们想象当中那么自卑。

**亲子兵法**

留守孩子成绩不理想，其中有因为自卑而形成压力过大导致成绩不好的因素，但并不是所有的都是这样，不要一看到孩子成绩差就觉得是自卑引起的，可能有其他原因。在促进孩子智力发展上，我们有几点建议：

第一招：家长应根据孩子的自身特点进行培养。

有的父母，因为孩子答不出某些问题，就说自己的孩子笨；还有的总是把孩子跟其他小朋友相比，这些做法都不正确的。家长应该多了解孩子的发展，并据此来教育孩子，不能拔苗助长，也不能放任不管。

第二招：家长不能因为自己忙就把孩子丢在一边，要多关心孩子。

如果父母有一方外出打工，那么另一方就要承担更多的照顾孩子的责任，要多跟孩子交流，即使孩子很小还不能说话，家长也要这样做。这有助于促进孩子的语言能力。如果父母都外出打工，临时监护人也要多跟孩子交流，让孩子感到自己受到关注。

**小编赠语**

智力是先天和后天共同努力的结果，先天遗传的因素我们无法改变，但是有些后天的因素会影响到孩子智力的发展。所以家长要给孩子一个健康的生活环境，要对孩子有耐心，多关心孩子，不要过于限制孩子的行为，适当地安排对孩子有益的游戏。妈妈的照顾对孩子智力的发展来说具有重要意义，所以外出务工的母亲还要常抽时间回家看孩子，陪孩子读书、玩耍。智力的发展有其自身的特点和规律，但这并不意味着过了一定的年龄智力就不发展了。所以家长们还要想办法激发孩子的潜力。

# 6. 留守孩子怕跟同龄异性交往？

在上小学或初中时，男孩和女孩很少在一起玩耍、游戏，他们通常都是各玩各的，很少说话，有些孩子还会在桌子上划标记以区分自己的地盘，甚至还常常打架。尽管这个时期的男孩女孩相互之间并不一起玩，但是他们之间不会产生排斥和害怕的情绪，可是有些留守孩非常害怕跟异性交往，这是不正常的，需要家长多多关注。

## 故事坊

留守孩子性格内向，似乎已经成为人们对留守孩子的固定看法。可是这是怎么形成的呢？

前段时间，有人做了一项调查，调查区域在皖北某镇的 15 个行政村。调查发现，留守孩子性格内向的比例要明显高于一般孩子。他们常常有焦虑、紧张、软弱等性格特征。

调查的数据还显示，当遇到烦心事或者难题时，只有24％的留守孩子会跟要好的同学或朋友倾诉，而76％的孩子会选择"闷在心里"。留守孩子中，87％都缺乏安全感，觉得自己的生活质量一般。为什么76％的孩子都选择"闷在心里"呢？父母不在家，跟临时监护人不够亲近，自己也没有什么朋友，不闷在心里应该怎么办呢？

## 亲子兵法

第一招：帮孩子树立正确的性别观念和交友观念。

家长要鼓励孩子多交朋友，告诉他们虽然男孩和女孩不同，但并不妨碍异性小朋友之间一起玩耍。对于大一些的孩子，家长要正确引导孩子交友，要加强孩子的自我保护意识。

第二招：不能因为孩子不敢跟异性说话或交往，而辱骂孩子没用，否定孩子。

第三招：家长要注意孩子的情绪变化。

家长要多跟孩子沟通，防止孩子在感到有危险时，因没能及时向家长求助而铸成大错。

第四招：老师要多关注那些不敢和异性交往的小朋友。

遇到这样的情况，老师要先找出问题的原因，然后组织一些集体活动，给小朋友们多一些交往的时间，并鼓励那些留守孩子多跟他们交流。

**小编赠语**

> 有些家长因为外出打工常年不在家，怕女儿被欺负，就从小告诉她离男孩远点，如果被发现跟男孩玩，还会受罚。于是，"男孩都很危险"，这样的观念扎在孩子脑中，她就比其他孩子更怕跟异性交往了。还有些孩子，一开始对异性并不恐惧，但突然开始害怕异性，这时家长就要特别注意，看是不是孩子最近发生了什么事，会不会是遇到了性骚扰或性侵害。爸爸妈妈们的过于担心反而会加深孩子的恐惧心理，多鼓励孩子，会有不错的效果。

## 7. 有些留守孩子为什么会非常 "关心" 同龄异性？

青春期是人成长的重要阶段，男孩和女孩的身体都会发生变化，身体的变化也会引起心理上的变化。很多孩子对这种身心变化的不适应，就出现了一些困惑和烦恼。

## 故事坊

　　敏敏的家，在四川省眉山市的一个小村庄。敏敏11岁了，孤孤单单地长到了11岁。没错，她是个留守在家的小姑娘，爸爸离家6年，妈妈离家9年，两个人自从走了就再也没回过家，也没有电话。

　　当一个调查留守孩子问题的调查员走进她的家门，问起她父母的情况时，向来沉默寡言，尤其怕跟男生说话的敏敏，再也忍不住了，她哭了整整半个小时。在她的痛哭声中，调查员只断断续续听出了两句话："我不想父母……我不希望他们回家……"

## 亲子兵法

　　第一招：了解孩子的发展特点。

　　家长应该了解一些相关的知识，知道有些事在这一阶段是必然发生的。这样一来，就不会一听到孩子跟异性交往就十分紧张。

　　第二招：要温和引导，不要打骂孩子。

　　对孩子直接采取粗暴方式，反而会让他产生逆反心理。家长要坐下来，平等地跟孩子交流，让孩子觉得父母是把自己当作一个独立的个体来对待的。父母可以告诉孩子，自己年轻时也有过这样的困惑，这样的感受是正常的，引导孩子把心里话说出来，这样才能对症下药。

　　第三招：父母不要自己把事情想歪了。

　　有些家长，一看到孩子跟异性在一起，就说孩子不务正业。这样会让孩子觉得连父母都不相信自己，说自己是坏孩子，而最终迷失了方向。

第四招：父母要保持跟孩子的联系。

无论在什么时候，孩子内心都是渴望被父母关爱的，不要让孩子有孤独感和被遗弃感，孩子就可以很好地处理跟异性的关系，不会因为爱的缺失而寻求异性的关爱。

☞ 小编赠语

进入青春期以后，孩子们的性意识逐渐觉醒。这时，孩子们开始关注异性，开始对性好奇，也开始渴望接近。这一时期，对异性关注是非常正常的，家长不要过于紧张。但有些孩子可能把所有的精力都放在了异性身上而荒废了学业，这就需要注意了。留守孩子因为父母常年在外，而得不到应有的关爱，所以会渴望得到别人的关心呵护，以此来弥补父母的爱的缺失，这样的话，在外务工的父母们不要粗暴地制止，多给孩子一些关心和正面引导，会让他们把注意力从异性身上移开。

# 8. 为什么有些留守孩子讨厌别人的关心？

一般来说，留守孩子是渴望被关心的，可是我们却发现，有些留守孩子不愿意接受来自他人的关心和爱护，不论这呵护是来自哪里，父母亲人或老师同学，有时甚至还极其反感。这并不是代表孩子真正自强起来了，而是因为所渴望的爱长期得不到满足，而对此产生的不信任。

## 故事坊

跃跃今年13岁了，他的爸爸到外地打工也有好几年了，跃跃跟着爷爷、奶奶一起生活。跃跃的爸爸妈妈不常回来，慢慢地他从开始时的想念，变成现在根本不希望有人来关心他。跃跃总是一个人上学，一个人放学。尽管爷爷奶奶对他照顾有加，可他还是很少跟两位老人说话。

不仅如此，而且爷爷、奶奶一关心他的学习和生活，他就会冷着脸，要么不回答，要么就说"还行""我知道"之类的话。爸爸妈妈打电话回来，很想跟他说说话，跃跃也会表现得不那么热情，要么不接，要么随便说几句就挂了。爷爷奶奶也不明白，为什么跃跃会对爸爸妈妈的关心表现得不耐烦，甚至很厌恶。

跃跃在日记里写道："爸爸妈妈说很爱我，可他们为什么过年都不回来看我？看到别的同学都能跟父母一起过年，我心里真的难受。他们根本就不爱我，他们只知道哄我、骗我……现在我也不需要他们爱我了。"

### 亲子兵法

第一招：让孩子正确认识别人对他的关心。

父母要告诉孩子，在遇到困难时，这些人会和父母一样不顾一切地帮助你、爱护你，因此对待别人的关爱要有礼貌，要感谢他们，这样才是懂事的孩子。这样才能让孩子知道，这些关爱是真心实意的，不是欺骗他的，也不是哄他的。

第二招：父母要持续给予孩子关爱。

父母自己也需要多抽时间跟孩子说话。刚开始，孩子可能对此无动于衷，很少有热情，也很少跟父母讲真心话，但父母不要泄气，要相信孩子肯定会接受自己的爱，只要持续坚持，孩子肯定会逐渐接受父母的爱。

**小编赠语**

　　一般人认为，缺乏爱，就会千方百计地寻找补偿，怎么还会厌恶呢？然而，孩子表现出的厌恶，并不是他们不需要父母的爱了。相反，是因为孩子对这种关爱失望了，认为自己不会再得到了，所以才产生了这种抵制心理。父母的离开，让孩子认为自己不如别的孩子，他们便可能因此而陷入自卑状态。如果孩子的自尊心又特别强，不愿意让别人觉得自己可怜，那么他们就不肯接受别人的关心。

# 9. 怎么解决留守孩子的强迫反应？

　　留守孩子常会表现出明知不必要，但仍会反复去做的行为。比如：总是担心在外地工作的父母会受到迫害，或者总是担心教室的窗户没关好，或者孩子反复数天花板上吊灯的数目、反复洗手，或睡觉前反复检查衣服鞋袜是否放得整整齐齐，等等。

　　这是孩子有强迫反应的表现，需要家长帮助孩子克服。

## 故事坊

　　小家保11岁了，今年上四年级，他在班上学习很好，平时也很听话，尽管爸爸妈妈都在上海的一个服装厂打工，自己只能跟爷爷奶奶在一起生活，可是他还是表现得很懂事。每天做完作业都会帮奶奶做点家务活，爷爷奶奶都夸他懂事，老师也说他聪明。

　　可是，爸爸妈妈为了多挣点钱，平时很少回老家，去年连过年都没有回来，最近的电话也比较少了，小家保跟爸爸妈妈说话的机会更少了。最近他总是反复检查作业是不是做完了、做对了。一遍又一遍，总是不放心，每天晚上光检查作业就要花上好几个小时。小家保自己也知道，这样反复检查是多余的，但就是控制不住自己。

## 亲子兵法

第一招：树立孩子的信心。

告诉孩子，生活中会遇到各种各样的事情，不可能桩桩件件都处理得那么合适周全，出错在所难免，要让孩子看到自己的优点，对自己有正确的评价。

还要帮孩子自觉认识和克服自己的性格弱点，帮助他们出主意，想办法，引导孩子处理问题时当机立断，克服遇事犹豫不决的弱点。

第二招：创建相对安全、稳定的生活氛围。

孩子的成长环境，要安全、稳定，避免吵闹、纠纷。在生活、学习上还要多关心他们，孩子有了进步就一定要表扬，哪怕只是一句口头称赞，都是一个很好的奖励。

第三招：教孩子不要对抗强迫反应，把能量消耗在对抗上。

让孩子明白强迫和吃饭、睡觉、上课一样，是自身的一部分，不要去努力排斥它。让他接受已出现的强迫症状，不要因为它不应该出现而去对抗。

分散孩子的注意力，让孩子把精力投入到学习中，为孩子提供更多与同伴游戏的机会。当孩子不再把主要精力耗费在对抗强迫反应上时，大多数孩子的强迫反应都会逐渐减轻并消失。

小编赠语

孩子出现强迫反应，是由于缺乏安全感。这可能是因为某个挫折经历让孩子受到了强烈、持续的惊吓，也可能是父母简单粗暴的教养方式，或孩子缺少关爱，让孩子连最基本的安全需要没有得到满足。另外，家长过于严苛的要求也会让孩子产生强迫反应。所以孩子最缺乏的还是家长的关爱，家长们可要注意了。

# 10. 为什么有些留守孩子喜欢把错误揽在自己身上？

有这样一类孩子，在某项活动失败后，或与某个伙伴发生矛盾后，他们总是会责怪自己，觉得都是自己的错，如果不是因为自己犯错误，就不会导致活动失败；如果不是自己搞不好人际关系，也不会与同学发生冲突。总之，不论任何事情，只要跟自己有关，他们就会把这些事件中不好的方面归结到自己身上，抱怨自己、责怪自己，认为是自己的错。这种消极的思维方式对孩子的身心成长具有极大的危害。

## 故事坊

乐乐上六年级了，他跟班上的一些同学一样，父母都离开家到外地打工去了。不过，最近班主任老师发现，乐乐跟其他同学有些不一样。其他孩子如果跟同学打了架后，总是会指着对方说，是他的错，是他先惹自己的，自己只是气不过，才还手打了人，其实自己一点儿错也没有。

而乐乐却完全不是这样，假如他跟其他同学发生了什么矛盾，他总是低着头不断地责怪自己，说是自己的错。有时，班级里分组进行比赛时，如果乐乐所在的小组输了，他也会认为是自己的错，是自己表现不好才拖累了大家，有时还会连续自责好几天。

## 亲子兵法

第一招：帮助孩子形成正确的归因方式。

喜欢自责的孩子，可能有着错误的归因方式，所以他们总是将跟自己相关事情的任何不好的方面，都归结为是自己的错误。因此临时监护人要帮孩子认识到，任何不好的事情，其发生都是多种因素一同作用的结果，不可能只是一个人的原因。如果在某件事中，确实是自己犯了错，就应当主动去承认；但是如果不是自己的错，不仅不应当把错误揽到自己身上，而且还要尽力帮助老师查明事情的真正原因。

第二招：培养孩子处事的信心。

首先要为孩子提供一些适合他们的处事经验，然后再让孩子处理一些能让他们体验到成功的事件。当然，在这个过程中孩子不可避免地会遇到困难和失败，这时家长要为他们打气，支持他们。渐渐地，孩子的处事信心便会在一定程度上得到提高。

第三招：为孩子树立榜样。

孩子的处事方式，很大程度上受到临时监护人的影响，因而要帮助孩子改变这种自责倾向的行为模式，就需要临时监护人注意自己在日常生活中的处事方式，不能一味地忍让、自责，要对事件认真思考、冷静分析，从而为孩子树立起榜样。

**小编唱语**

　　有些孩子喜欢自责，其实是他们缺少自信心的表现。因为他们没有足够的信心解决所遇到的问题，所以只好选择把错误归于自己，获得内心的安全。孩子运用自责的方式有时能够顺利地解决问题，而正是这一结果又进一步加强了孩子的自责行为。对于这种情况，家长们要告诉孩子正确的解决方法，慢慢引导孩子就能矫正过来。

# 11. 为什么留守孩子会身陷校园暴力？

　　校园是一方净土，然而近年来，校园暴力时有发生，而在众多的校园暴力事件中，不难发现留守孩子的身影。

　　多数的留守孩子因父母长期在外打工，他们感觉孤单，导致心理压力过大，行为孤僻，缺乏爱心，也缺乏交流的主动性。教育的缺失，管理的缺失，亲情的缺失，使留守孩子容易养成经常说谎、不服管教、迟到早退、打架斗殴等不良习惯；有的留守孩子甚至分帮结派，参与校园暴力，而有的孩子则成为校园暴力的受害者。

## 故事坊

　　2007年4月9日，来自留守家庭的小平和小群在"劲舞团"的游戏上"对战"，由于小平屡屡被小群打败，小群对小平的游戏水平表示"不屑"，不愿意跟小平继续"对战"，还利用"房主"的身份，把小平"踢"出了"房间"，双方为此发生了口角。4月10日晚，双方矛盾激化，各自从网上召集网友，约定在某网吧了结纠纷。4月11日凌晨3点，小群等三人跟小平等六人发生斗殴。小群拿匕首连捅小平腹部2刀后逃跑。小平经送医院抢救无效死亡，那年他才17岁。

同年6月20日，银川一位14岁的初一女生，在放学回家的路上被4名来自留守家庭的十六七岁的少女围殴长达两小时，导致其鼻骨骨折，头、面部多处受伤。而事情的原因却仅仅是因为她们看那小女孩儿不顺眼，认为她看不起留守孩子。

近年来校园暴力呈上升趋势，这是社会消极因素在青少年身上的一种反映，主要原因在家庭教育方面。因此，预防校园暴力首先要抓好家庭教育。

### 亲子兵法

第一招：了解孩子。

家长要尽可能地保持与孩子的交流，要知道孩子平时都看什么样的书、影视作品，接触什么样的人和事。在一个适当的时候，用开放式的问题跟他谈心，让他明白大人不是想操纵他、把观点强加于他，只是想了解他、帮助他。只要孩子愿意坦诚地和家长交流意见，那么家长的意见就会产生作用。

第二招：让孩子学会勇敢，学会自我保护。

1. 家长要告诉孩子，在遇到威胁或暴力时，首先要告诉自己不要害怕。一旦内心笃定，就会散发出一种强大的威慑力，让坏人不敢贸然攻击。

2. 让孩子大声地提醒对方，他们的所作所为会受到法律的制裁，会为此而付出沉重的代价。同时迅速找到电话准备报警，或者大声呼喊求救。

3. 一旦受到伤害，要及时向老师、警察申诉报案。不要让不法分子留下"这个小孩好欺负"的印象。

第三招：家长要有意识地让孩子多接触社会。

调查显示，容易参与校园暴力的留守孩子，一般都性格桀骜不驯，在班里比较强势，容易敌视正常家庭的同学。想让他们跟同学和平相处，家长就要从日常生活入手，让孩子感受集体生活的氛围，培养孩子大度、包容的性格，避免让孩子形成唯我独尊的性格。

第四招：对参加过校园暴力的孩子进行教育时，一定要慎重。

当伤害同学的事件发生后，家长首先应该让孩子勇于承认自己的错误，培养对自己行为负责的意识。不要一味护着孩子，要和孩子一起去面对同学的家长，用比较合适的方式化解矛盾、解决问题。

### ☞小编赠语

因为父母不在身边，留守孩子缺乏关爱，所以，他们总有一团郁闷之气堵在心口，想找机会发泄。而且，他们把自卑心理掩饰得很好，不允许别人对他们有丝毫的轻慢，所以一旦有人出言挑衅，他们就会怒不可遏，校园暴力也就在所难免。另外，由于临时监护人的管束比较松弛，这也养成了他们我行我素，动辄就大打出手的习惯。远在异乡的父母们，不管你们的工作有多忙，也要抽时间好好关心一下自己的孩子。

## 12. 如何让留守孩子学会保护自己？

留守孩子常常是人贩子们瞄准的猎物，那些父母不在身边的孩子，常会因为受到花言巧语的诱骗，而落入人贩子的手中。尽管如何保护自己不算是人格教育方面的内容，但是这是孩子生存的技能，所以放在本书的最后，作为补充内容。

### 故事坊

每到放学的时候，欢欢就会羡慕那些有父母接送的同学。她多么渴望自己也能像其他孩子那样，每天放学后都能见到自己爸爸妈妈。可她的父母在离她很远的城市打工，所以，这对欢欢而言简直就是一个难以实现的梦。

一天放学后，欢欢像往常一样独自回家，当她走到半路的时候，迎面走来一个阿姨，阿姨笑眯眯地问她："小朋友，你怎么一个人回家呀？""我爸妈在外地打工，我和我奶奶一起住，奶奶老了，所以不能接我放学。"欢欢如实地答道。

"哦，你真乖、真懂事，阿姨就喜欢你这样的孩子，你喜欢吃巧克力吗？"那位阿姨温柔地说。

"巧克力？"欢欢吞了吞口水，然后有些不好意思地说："喜欢，可……可我没钱买。"

谁知那位阿姨呵呵一笑，向欢欢招招手说："我帮你买呀。来，我这就带你去买。"

想着马上就有美味的巧克力可以吃，欢欢想都没想就跟着那位阿姨去买巧克力了。可这天真的孩子怎能想到，眼前这位眉目和善的阿姨竟然是个人贩子，她专门在这儿拐骗像欢欢这样留守家庭的孩子，欢欢是她盯了很久的"目标"。

由于缺少父母监管，社会化的关爱体系不够完善，许多留守儿童成为不法分子侵害的目标，被拐卖的现象时有发生。被拐卖的大多数留守儿童最后会被买主收养，成为买主家庭的一员。这些买主，要么是自己没有孩子，要么是有女儿没有儿子的，有浓厚的传宗接代、养子防老思想。

为了不让更多类似的家庭惨剧"上演"，家长有责任确保儿童的安全，防止孩子误入人贩子的拐卖陷阱。

**亲子兵法**

很多孩子都是因为父母不在身边，而临时监护人又疏忽大意的时候，被人拐走的。为了防止这种事情的发生，临时监护人要注意几点问题：

1. 告诉孩子放学要按时回家，不要在外边玩到很晚，回家时尽量结伴而行；如果孩子还特别小，那么父母或者临时监护人，要尽量接送孩子上下学。父母或者临时监护人，还要跟老师分工合作，即孩子由父母或临时监护人专门接送，任何人没有经过孩子家长的同意，不能随便把孩子接走，并始终跟老师保持密切联系。

2. 告诉孩子，不要轻信陌生人，不管陌生人说什么，都不要跟他走，就算是孩子曾经见过的人，也不能轻信。

3. 孩子不要接受陌生人给的食品、饮料或玩具，教孩子学会自我保护，遇事随机应变，一旦遇到危险可以自救。

4. 假期时，孩子喜欢出去玩儿，不过外出一定要有同伴，切不可单独外出。而且出门时要告诉家长去哪儿，什么时候回来。

5. 孩子自己在家时，要和家长保持电话联系，还要把家门锁好，没有家长的特别关照，不给陌生人开门，让他等家长回来再来。不过如果孩子太小，就尽量不要让他独自在家。

6. 平时给孩子一些零钱，以备不时之需。

7. 带孩子外出时，要看好孩子。

8. 告诉孩子，一旦跟家长走散了，要找警察叔叔帮助，或者就站在原地，等着父母去找他；这个时候千万不能相信任何人，不能跟任何人走，更不能相信陌生人带自己去找父母的谎言。

☞ 小编赠语

只有保护好孩子，父母的辛苦才有价值，所以外出务工的父母们要多注意孩子的安全问题，让孩子学会自我保护。